Sí, quiero

DAVID BETANCUR®

Sí, quiero

Una guía para planear su boda soñada

B

MIXTO
Papel | Apoyando la silvicultura responsable
FSC® C199593

Penguin Random House Grupo Editorial

Título original: *Sí, quiero*
Primera edición: junio de 2025

Carrera 7ª No.75-51. Piso 7, Bogotá, D. C., Colombia
PBX: (57-601) 743-0700

Diseño de cubierta: Penguin Random House Grupo Editorial / Lorena Calderón Suárez
Diseño de páginas interiores: Penguin Random House Grupo Editorial / Patricia Martínez Linares

Ilustraciones de vestidos pp. 119, 148 y 149: © Andrés Pajón
Imágenes de cubierta y páginas internas: © Freepik

Impreso en Colombia-*Printed in Colombia*

ISBN: 978-628-7634-80-0

Impreso por Editorial Nomos, S.A.

Los novios

Fecha de la boda

Lugar

Teléfono

e-mail

Contenido

Presentación

Nunca imaginé que un día terminaría escribiendo un libro para planear bodas, pero aquí estoy... Después de años de acompañar historias de amor, de ver lágrimas, risas, dudas, certezas, y, sobre todo, muchos sueños hechos realidad.

Este libro no es perfecto —así como ninguna boda lo es—, pero está lleno de intención. Fue pensado desde la experiencia, escrito desde el corazón y diseñado para que cada pareja se sienta acompañada en los pasos que da. No están solos: en todas las páginas encontrarán mi voz, como si estuvieran tomándose un café con alguien que ha recorrido este camino cientos de veces.

Deseo que este libro los abrace, los inspire y les recuerde que no hay una única forma correcta de casarse, y que la que elijan debe sentirse auténtica para quienes la viven.

Gracias por permitirme ser parte de este viaje.

Con amor,

DAVID BETANCUR®

De un *hobby* a una pasión:

Mi viaje en la industria de las bodas

Parece que fue ayer cuando todo comenzó con una revista en la mano y un deseo genuino de ayudar. Hace quince años, la planificación de bodas aún era vista como un *hobby*. Las empresas de banquetes recomendaban proveedores y, con suerte, uno podía encontrarse con alguien realmente apasionado por su trabajo. Así nació mi historia. Fue la boda de una prima la que me dio la primera oportunidad de sumergirme en este mundo. Si miro atrás, cambiaría muchas cosas de esa boda, pero me enorgullece haber mantenido mi esencia desde el primer día.

El negocio comenzó a tomar forma cuando una amiga me recomendó con otra amiga que se casaba. "Él es el mejor", le dijo, y en ese momento entendí que, para ser el mejor, no bastaba con el talento; debía demostrarlo con mi nombre, mi calidad y mi entrega en cada evento. Sin embargo, en esos primeros años creía que para crecer tenía que hacer de todo. Como diseñador de modas, decidí confeccionar los vestidos de las damas de honor, pero la experiencia fue caótica y agotadora. Fue ahí cuando comprendí que, si quería que esto dejara de ser un *hobby* y se convirtiera en un negocio, debía enfocarme en lo que en verdad amaba hacer.

Con el tiempo, comencé a realizar bodas más grandes y mejores, pero entendí que de nada servía hacer eventos extraordinarios si nadie los conocía. Mi círculo de conocidos se empezó a agotar, pero llegó Instagram para transformar la manera en que contamos nuestras historias. La planificación de bodas dejó de ser solo un servicio y se convirtió en una experiencia que debía compartirse con el mundo.

A medida que el negocio fue creciendo, aprendí el valor de la gratitud y la confianza. Cada pareja que confió en mí ayudó a definir el camino que quería seguir. Hubo una boda en particular que me enseñó a hablar en el lenguaje de mis clientes, a conectar con ellos de la manera en que deseaban ser escuchados. Fue en ese momento cuando comprendí que la imagen lo era todo. No solo debía ofrecer bodas hermosas, sino proyectar una identidad sólida, coherente y profesional. "El diablo está en los detalles".

Con más bodas en mi historial, supe que el siguiente paso era fortalecer mi equipo, crear lazos con proveedores, encontrar personas que compartieran mi visión y construir relaciones que trascendieran lo laboral. Algunos se quedaron, otros se fueron, pero cada uno dejó una huella en esta historia. Entonces llegó el gran momento: el primer cliente célebre. Un futbolista. Un evento que representaba una nueva puerta y una oportunidad gigante. Sabía que no podía dudar de mi capacidad. Debía darlo todo en el ruedo y, como dirían en el fútbol, fue un golazo mundial. Fue entonces cuando me repetí: "Abre los ojos y sorpréndete, porque estás llegando lejos".

Poco después, una llamada lo cambió todo. Recuerdo que de fondo sonaba reggaetón del que retumba en Medellín, de ese que parece anunciar algo grande. Fue ahí cuando nació una de mis frases favoritas: “Hoy es el día por el cual ayer te preocupabas tanto”.

A lo largo del camino, un mensaje marcó un antes y un después en mi carrera: “Podrán pasar muchas parejas, pero para nosotros siempre serás nuestro planeador”. Con esas palabras entendí la magnitud de mi responsabilidad. No solo organizaba bodas, sino que era parte fundamental de uno de los días más importantes en la vida de mis clientes. Y cuando las cosas no salen según lo planeado, la capacidad de reacción es clave. Lo viví el día en que el oficiante de una boda no llegó y uno de los proveedores de montaje tuvo que asumir el rol para salvar la ceremonia. La novia, con una serenidad absoluta, decidió continuar con la celebración y casarse formalmente después. Ese día confirmé que un buen equipo es la base de todo.

A veces, no somos conscientes del impacto de nuestro trabajo hasta que vemos a alguien cumpliendo su sueño en un evento que nosotros hicimos realidad.

A veces, no somos conscientes del impacto de nuestro trabajo hasta que vemos a alguien cumpliendo su sueño en un evento que nosotros hicimos realidad. Es en esos momentos cuando todo cobra sentido.

Pero no todo ha sido un camino recto. La pandemia llegó para poner a prueba a toda la industria y nos enseñó que la capacidad de adaptación es la clave para sobrevivir, pero lo más importante fue entender que, a pesar de todo, nuestra identidad debía permanecer intacta.

Después de muchas bodas, muchas parejas y muchas historias, tengo claro que una boda es más que una fiesta: es un sueño cumplido, pero la vida que empieza después es aún más importante. Yo puedo ayudar a hacer la boda perfecta, pero la vida... esa la construyen ellos.

Y si algo he aprendido en este camino es que todo lo que es para uno llega en el momento indicado. Lo que manifestamos, lo que deseamos desde el corazón, se convierte en nuestra realidad. Por eso, cierro esta presentación con una de las frases más hermosas que escuché en la boda de un famoso cantante colombiano: "Celébrate, apláudete, porque lo estás haciendo bien. Ese es tu logro, el de nadie más".

Así que, en este camino de sueños, amor y celebraciones, ¡aprendamos a aplaudirnos siempre!

Así que, en este camino de sueños, amor y celebraciones, ¡aprendamos a aplaudirnos siempre!

DAVID BETANCUR®

¿Qué hace un wedding planner?

Me emociona mucho que hayan llegado a este libro que he creado especialmente para ustedes. En estos quince años, he tenido el honor de acompañar a parejas, familias y grandes personalidades en uno de los días más importantes de sus vidas. Ser parte de esas celebraciones ha sido un privilegio, y todo lo que he aprendido en este camino me ha llevado a convertirme en el planeador elegido por muchas celebridades y personas de la sociedad que buscan hacer realidad sus eventos soñados.

He recorrido un largo camino, uno que me ha enseñado que los sueños, aunque grandes y ambiciosos, pueden hacerse realidad de manera práctica y sencilla. Desde pequeñas bodas íntimas hasta eventos de gran escala, cada detalle importa, y es por eso que he creado este libro: para guiarlos paso a paso en la planificación de ese día tan especial. Aquí encontrarán consejos, ejercicios prácticos y espacios para escribir todas sus ideas y deseos.

Un *wedding planner* (o planeador de bodas) es el profesional que se encarga de hacer realidad el día soñado de una pareja, gestionando todos los aspectos de la boda para que los novios puedan disfrutar del proceso sin preocupaciones. Su labor no solo consiste en coordinar proveedores y asegurarse de que todo funcione el día del evento, sino que va mucho más allá. Es un apoyo constante que convierte las ideas, los deseos y las expectativas de la pareja en un plan concreto y ejecutable.

El *wedding planner* se encarga de escuchar y comprender la visión de los novios. El primer paso es conocer a la pareja, entender sus gustos, su estilo y lo que esperan de su boda. Cada boda es única, y el trabajo del planeador es capturar esa esencia para que se vea reflejada en todos los detalles. Cuando tiene claro lo que la pareja quiere, se dedica a estructurar todo el proceso de planificación. Esto incluye crear un cronograma con fechas y plazos para la contratación de proveedores, pruebas de vestuario, selección de decoración y muchos otros detalles. También buscará, negociará y coordinará a todos los proveedores involucrados en la boda: desde el lugar y el *catering* hasta el fotógrafo, el DJ, el florista y otros servicios adicionales. Además, muchas veces tiene contactos o relaciones privilegiadas con los mejores proveedores de la industria, lo que puede ayudar a obtener mejores precios o servicios más exclusivos. Un buen *wedding planner* es también un administrador experto. Ayudará a la pareja a

> *La magia está en los detalles, y un wedding planner se asegura de que cada pequeño aspecto de la boda sea perfecto.*

ajustar su presupuesto y a distribuirlo de manera que cada gasto sea justificado. También se asegurará de evitar gastos innecesarios y optimizar los recursos, siempre manteniendo las prioridades de los novios en mente.

El día de la boda, el *wedding planner* se convierte en el director de orquesta. Se asegura de que todo fluya sin problemas, coordinando los tiempos y supervisando que cada proveedor cumpla con su función. Desde la llegada de los invitados hasta el último baile, está presente para gestionar cualquier imprevisto que pueda surgir, sin que los novios tengan que preocuparse por nada. Aunque la planificación haya sido perfecta, es común que surjan imprevistos de último minuto. El planeador está preparado para solucionar cualquier inconveniente, desde retrasos hasta cambios inesperados, sin alterar el curso de la boda. Su trabajo es asegurarse de que los novios nunca lleguen a enterarse de esos pequeños inconvenientes.

La magia está en los detalles, y un *wedding planner* se asegura de que cada pequeño aspecto de la boda sea perfecto. Desde la disposición de las mesas hasta el montaje de la decoración floral, pasando por la iluminación y el sonido, todo debe estar impecable y acorde a lo que la pareja había soñado.

Sin embargo, sé que no todas las parejas deciden contratar a un planeador de bodas y es perfectamente entendible. Para eso creé este libro: para apoyarlos en la planeación de la boda de sus sueños, con o sin *wedding planner*. Es una invitación a conocer no solo el arte detrás de la creación de experiencias memorables, sino también mi historia, mis aprendizajes y mi visión del lenguaje de las bodas. Les comparto aquí mi viaje, mis secretos y mi legado.

Están a punto de embarcarse en uno de los momentos más importantes y emocionantes de sus vidas: la planificación de su boda. Este libro no es solo un cuaderno de tareas; es el fiel compañero que los guiará en cada paso del camino, desde los pequeños detalles hasta las grandes decisiones, para que todo sea exactamente como lo han soñado.

Imaginemos por un momento el día de su boda. Ustedes, frente a todos aquellos que aman, bajo una atmósfera mágica creada por su historia, sus sueños y cada una de las elecciones que han tomado con tanto cariño. Cada flor, cada rincón, cada sonrisa será el reflejo de su amor y de la travesía que los llevó a este momento.

A lo largo de estas páginas encontrarán consejos, recomendaciones y espacios para soñar en grande, para reflexionar sobre lo que realmente importa en su día especial. Habrá semanas de decisiones emocionantes, otras de pequeños retos, pero siempre tendrán la certeza de que, al final, todo valdrá la pena.

Recuerden que la boda no es solo una celebración, sino el inicio de una vida juntos. Cada paso en esta planificación es una forma de construir su primera gran aventura como pareja. Así que disfruten cada momento, celebren las pequeñas victorias y abracen los desafíos con paciencia y amor. ¡Comencemos!

Este es el comienzo del resto de sus vidas, y todo empieza aquí.

DAVID BETANCUR®

1

Visión general

Este no es un libro normal; es una herramienta diseñada para hacer de su proceso de planificación algo emocionante, sin estrés y lleno de inspiración. A través de estas páginas los acompañaré en cada etapa de su boda, desde los primeros pasos hasta los detalles finales. Con ejercicios prácticos, recomendaciones basadas en mi experiencia y espacios para anotar todo lo que se les pase por la mente, les aseguro que tendrán el control total de su celebración, con la tranquilidad de saber que están siendo guiados por un plan estructurado y probado.

Durante los últimos quince años, he tenido la oportunidad de ver de cerca los grandes retos y las grandes satisfacciones que trae planear un evento. Sé lo que funciona y lo que no. Y este libro es el reflejo de todo ese aprendizaje y los ayudará a navegar por las decisiones más importantes: desde la selección de proveedores hasta la creación de una decoración que hable de su estilo y personalidad. Mi misión aquí es hacer que disfruten del proceso, que tomen decisiones informadas y que, al final, su evento sea exactamente como lo soñaron.

Cada boda cuenta una historia. Es la historia de dos personas que han recorrido un camino único, lleno de momentos, de risas, de complicidad, y ahora están por dar un gran paso. Pero antes de hablar de proveedores, listas y presupuestos, es importante detenerse un momento para soñar, para imaginar y definir cómo quieren que se vea y se sienta ese día tan especial.

Este capítulo es una invitación a que, como pareja, se sienten juntos y se pregunten: ¿cómo imaginamos nuestra boda? No se trata solo de los colores o el lugar, sino de la esencia, del estilo que los define y de cómo quieren que su historia brille en cada detalle. Porque la magia está en esos pequeños elementos que reflejan quiénes son, en cómo logran que su celebración sea única y auténtica.

Así que aquí empieza la verdadera planificación, esa en la que sus sueños y visión toman forma. Los guiaré para que juntos puedan imaginar, crear y empezar a darle vida a la boda que siempre han querido. ¡Vamos a soñar en grande!

Recuerden: no es solo su boda; es la fiesta de su vida juntos.

La boda es su primer gran proyecto juntos, así que háganlo con amor y como el equipazo que son.

DAVID BETANCUR®

¿Cómo hacer una lluvia de ideas para su boda?

La lluvia de ideas es una excelente forma de empezar a soñar en grande sin preocuparse por los detalles aún. Este ejercicio los ayudará a visualizar y organizar todo lo que se imaginan para su boda, y lo mejor de todo es que pueden hacerlo en pareja. Aquí les dejo una guía sencilla para hacerlo de manera efectiva.

1. Definan su objetivo

Antes de empezar, hablen sobre lo que quieren lograr con esta lluvia de ideas. ¿Quieren definir un tema para la boda? ¿O tal vez elegir el lugar? Tener claro el objetivo les ayudará a mantener el enfoque durante el proceso. *Ejemplo:* "Queremos generar ideas para el estilo y la temática de nuestra boda".

2. Cero juicios

Aquí no hay ideas malas o imposibles. La clave es que ambos se sientan libres de expresar cualquier cosa que se les ocurra. Tal vez uno de ustedes proponga una boda en la playa, mientras que el otro piense en un lugar más clásico. No importa, ¡todo se vale en esta fase! Dejen volar la imaginación.

3. Estimulen la creatividad

Si sienten que las ideas no fluyen, prueben algunas técnicas para encender esa chispa creativa:

- Palabras al azar: elijan una palabra, como *aventura* o *romántico,* y vean qué ideas se les vienen a la mente.
- Preguntas creativas: "¿qué pasaría si hiciéramos algo completamente diferente?" o "¿cómo sería nuestra boda soñada si no hubiera limitaciones?".
- Mapas de ideas: dibujen un tema central, como "nuestra boda", en una hoja y conecten todas las ideas que surjan a su alrededor.

4. Cuantas más ideas, mejor

No se preocupen si parecen demasiadas, ¡eso es justo lo que queremos! En esta fase, la cantidad es más importante que la calidad. Más tarde podrán revisar cuáles ideas son factibles y cuáles no, pero ahora el objetivo es tener la mayor cantidad de opciones posibles.

5. Anoten todo

Usen *post-its,* pizarras o este libro para ir anotando todas las ideas que les surjan. Ver todo escrito les ayudará a visualizar mejor sus opciones y cómo se conectan entre sí.

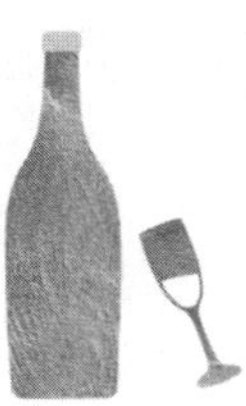

6. Pónganse un límite de tiempo

Pueden hacer que el ejercicio sea más dinámico si establecen un tiempo límite. Dedíquenle quince o veinte minutos a este proceso. Esto les ayudará a mantenerse enfocados y les añadirá un poco de presión positiva para sacar ideas más rápido.

7. Agrupen las ideas

Una vez que tengan una lista extensa, es hora de agrupar las ideas similares. Quizá se den cuenta de que ambos tienen en mente algo romántico, natural o moderno. Luego, empiecen a priorizar las que más les gusten.

8. Seleccionen lo mejor

Ahora, elijan las ideas que más los emocionen. Aquí pueden empezar a pensar en la viabilidad de cada una, en cuál se alinea mejor con su presupuesto o en cuál los representa más como pareja.

9. Pongan manos a la obra

Ahora que tienen sus mejores ideas seleccionadas, es hora de planificar cómo hacerlas realidad. Este libro los acompañará en cada paso, ayudándolos a organizar todo de manera práctica, desde la elección de proveedores hasta los detalles decorativos.

Lluvia de ideas

¿Cómo hacer un tablero de inspiración?

Crear un tablero de inspiración en pareja es una de las formas más divertidas y visuales de empezar a darle forma a su boda soñada. ¡Es como poner todos sus sueños e ideas en un solo lugar! Además, es un excelente ejercicio para descubrir los gustos de ambos y encontrar ese estilo único que los define como pareja.

1. Tengan claras sus ideas

Con el ejercicio anterior ya definieron algunas ideas clave para su boda. Ahora, tómense un momento para recolectar imágenes, palabras, colores y elementos que los inspiren y que estén conectados con esas ideas. Pueden buscar en Pinterest, Instagram, revistas o incluso usar fotos que ya tengan. Recuerden que este proceso es completamente libre: nada es muy simple o demasiado extravagante.

Tip: busquen cosas que los emocionen a ambos, y si algo les recuerda un momento especial que hayan vivido juntos, ¡inclúyanlo! Esa esencia es la que hará su boda única.

Tip: si lo hacen digital, creen un tablero compartido para que ambos puedan agregar cosas en cualquier momento. Así, si se les ocurre algo mientras navegan por redes sociales, pueden sumarlo fácilmente.

2. Elijan un formato

Pueden hacer su tablero de inspiración de manera digital (con herramientas como Pinterest o Canva) o física (con una cartulina, recortes y pegamento). Lo importante es que lo hagan juntos y que disfruten del proceso. Si les gusta la idea de hacerlo físico, es una gran excusa para una tarde creativa en pareja.

3. Exploren juntos sus gustos

¡Aquí viene la parte divertida! Empiecen a seleccionar imágenes, colores, texturas, flores y detalles que los representen. Mientras más cosas incluyan, más clara será su visión. No se preocupen si al principio tienen gustos distintos, lo bonito de este proceso es encontrar un estilo que combine lo mejor de ambos.

Quizá uno de ustedes se sienta más atraído por lo rústico y el otro por lo moderno. ¡No pasa nada! Busquen elementos que puedan unir ambos estilos. Una mesa de madera con detalles minimalistas, por ejemplo, puede ser el equilibrio perfecto en este caso.

4. Encuentren patrones y unifiquen

Una vez que tengan varias imágenes y elementos en su tablero, tómense un momento para analizarlos juntos. ¿Hay algún color que se repita? ¿Quizá un estilo de decoración o un tipo de flor? Empiecen a notar esos patrones porque les ayudarán a encontrar el hilo conductor de toda la boda. Este paso les permitirá visualizar una dirección clara para todo el evento.

Tip: si ven que ambos coinciden en ciertas ideas, ese es un buen indicador de que han encontrado algo que refleja su estilo en conjunto.

5. Prioricen lo que más los emocione

Después de observar su tablero, seguramente habrá cosas que resuenen con ustedes más que otras. Identifiquen los elementos que en verdad los emocionan y que sienten que no pueden faltar en su gran día. Ese será el corazón de su boda, lo que en realidad los representa como pareja.

6. Conviértanlo en su hoja de ruta

Su tablero de inspiración no es solo un *collage* bonito; es una herramienta práctica que los ayudará a tomar decisiones importantes a lo largo de la planificación. Úsenlo para elegir la decoración, el estilo de las flores, los colores del vestuario y hasta el tipo de iluminación. De esta manera, todo el evento estará conectado con la visión que han creado juntos. Recuerden que no todo tiene que ser exactamente de bodas: pueden inspirarse en fotos de viajes, películas que aman, hasta en la decoración de su hogar. ¡Todo cuenta!

Creen aquí su moodboard

Si prefieren hacer un tablero digital, pueden usar aplicaciones como Canva o Pinterest.

La boda no es un examen. No tienen que hacerlo todo perfecto, solo disfrutarlo al máximo.

DAVID BETANCUR®

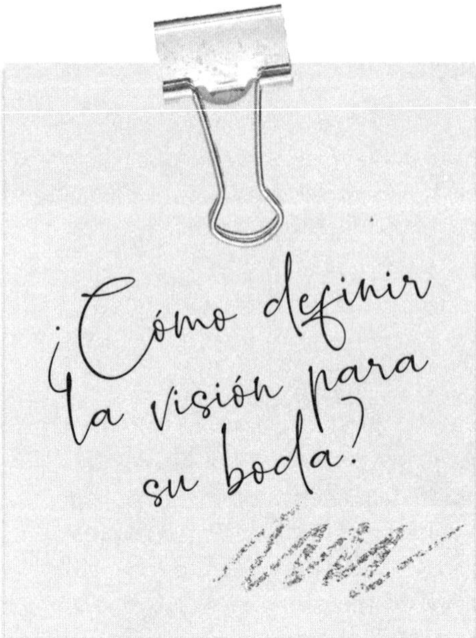

Ahora que tienen una hoja de ruta, es momento de poner en palabras la visión para su boda. Esto les ayudará a guiar todas las decisiones que vendrán después, desde la elección del lugar hasta los detalles más pequeños.

Ejercicio práctico:

Visualicen el día de su boda

Cierren los ojos e imaginen el día de su boda desde el inicio hasta el final. ¿Cómo se ve el lugar? ¿Qué música suena? ¿Cómo se sienten al caminar hacia el altar? Describan esa visión juntos, cada uno puede aportar sus ideas, y luego encuentren los puntos en común.

Aquí les dejo un ejemplo para que lo puedan personalizar: "Queremos una boda íntima, en un lugar rodeado de naturaleza, con toques rústicos y románticos. Nos imaginamos una ceremonia al aire libre, bajo luces cálidas y rodeados de nuestras personas más queridas. Queremos que se sienta como una celebración cercana, pero elegante, donde cada detalle hable de nuestra historia".

Día de la boda:

Creen una lista de imprescindibles

Una vez que tengan clara su visión, pueden empezar a identificar los elementos que son fundamentales para ustedes. Esta lista les servirá como guía para todas las decisiones que tomen más adelante.

Preguntas clave:

- ¿Es importante para nosotros un lugar específico?
- ¿Qué tipo de comida queremos ofrecer? (Banquete formal, comida más relajada, etcétera).
- ¿Qué tipo de música soñamos para la fiesta? (DJ, banda en vivo, *playlist* personalizada).
- ¿Queremos algún momento especial? (Una sorpresa, un video, algún ritual personalizado).

Este capítulo les ayudará a tener una base sólida desde donde partir y les permitirá tomar decisiones más adelante. Recuerden que este es solo el inicio, y lo mejor de todo es que lo están haciendo juntos, construyendo un día que será tan único como su historia.

Creen aquí un listado de pros y contras

Esto les ayudará a evaluar las diferentes opciones que vayan encontrando.

Planear una boda es como correr una maratón: se necesita paciencia, ritmo y recordar por qué empezamos.

DAVID BETANCUR®

2
Consejos mes a mes y semana a semana

Aquí les dejo un plan general, con tareas específicas para cada etapa del proceso, diseñado para asegurar una planificación fluida y exitosa. Más adelante les dejaré la *to-do list* más detallada.

12-10 meses antes: el inicio del sueño

1. **Definan su presupuesto:**

- Calculen cuánto están dispuestos a invertir y prioricen los gastos clave (lugar, *catering*, vestido, música).
- Reserven un fondo para imprevistos (10-15%).

2. **Elijan la fecha y el lugar:**

- Investiguen y reserven lo antes posible.
- Consideren la disponibilidad de sus invitados más importantes.

3. **Hagan una lista preliminar de invitados:**

- Definan un número aproximado para elegir un lugar con capacidad adecuada.

4. **Elijan un tema o estilo para la boda:**

- Romántico, minimalista, moderno, rústico... ¡Lo que los represente!

5. **Contraten proveedores principales:**

- Fotógrafo/videógrafo, *catering*, DJ/banda y florista.

9-7 meses antes: la base está lista

1. **Envíen un *Save the Date* (opcional):**
   - Ideal para bodas con invitados internacionales o en temporada alta.

2. **Reserven su vestuario:**
   - Pruébense vestidos o trajes y hagan los ajustes necesarios.
   - No olviden los complementos (zapatos, joyería, etc.).

3. **Elijan a sus proveedores secundarios:**
   - Decorador, iluminación, transporte, pastelero y otros detalles específicos.

4. **Piensen en el entretenimiento:**
   - Decidan si tendrán *shows*, animadores o actividades especiales.

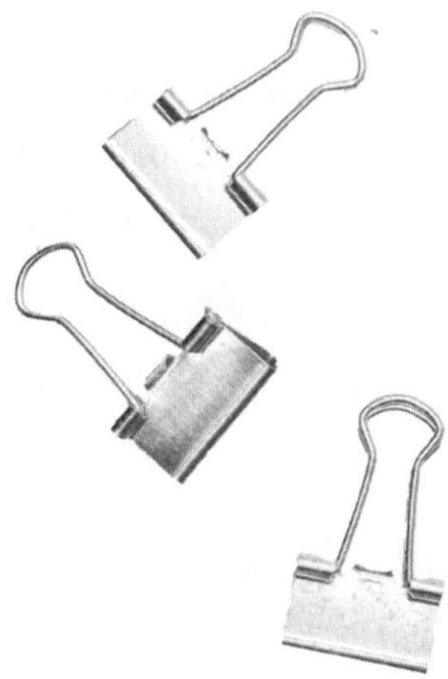

6-4 meses antes: aclarando los detalles

1. **Diseñen las invitaciones:**
- Definan si serán digitales, físicas o una combinación de ambas.
- Incluyan detalles claros como *dress code*, lugar y horario.

2. **Planeen la ceremonia:**
- Coordinen con el oficiante (religioso o civil) y revisen los documentos requeridos.
- Piensen en lecturas o música especial.

3. **Organicen el menú:**
- Programen una degustación con el *catering*.
- Consideren restricciones dietéticas de los invitados.

4. **Definan la decoración:**
- Colores, flores, mesas, marcación de lugares y detalles personales.

3-2 meses antes: afinando el plan

1. **Envíen las invitaciones:**
- Incluyan un método de confirmación de asistencia (RSVP).

2. **Creen un cronograma detallado:**
- Hora de la ceremonia, cóctel, cena, brindis, baile, etc.

3. **Revisen sus looks finales:**
- Realicen pruebas de maquillaje y peinado.
- Asegúrense de que los ajustes de vestuario estén completos.

4. **Compren accesorios adicionales:**
- Velas, portanillos, detalles para la ceremonia, etc.

1 mes antes: los últimos preparativos

1. **Confirmen con proveedores:**
- Reúnanse con ellos para revisar el cronograma y los horarios de entrega/montaje.

2. **Coordinen la logística de invitados:**
- Organicen transporte o alojamiento para quienes lo necesiten.

Creen aquí su cronograma mensual y semanal

Descarguen esta plantilla digital

- [ ] Enero
- [ ] Febrero
- [ ] Marzo
- [ ] Abril
- [ ] Mayo
- [ ] Junio
- [ ] Julio
- [ ] Agosto
- [ ] Septiembre
- [ ] Octubre
- [ ] Noviembre
- [ ] Diciembre

Domingo	Lunes	Martes	Miércoles	Jueves	Viernes	Sábado

día mes

Recordatorios importantes:

Contratar a los proveedores principales

Proveedor	Montos acordados	Fecha de entrega
Wedding planner		
Catering		
Bebidas		
Flores		
DJ		
Música en vivo		
Fotógrafo		
Videógrafo		

Creen aquí su calendario de pagos

Fecha	Concepto	Monto	Estado del pago: Pendiente	Pagado	Parcial
/ /					
/ /					
/ /					
/ /					
/ /					
/ /					
/ /					
/ /					
/ /					

Descuentos o plazos extendidos:

2 semanas antes:

1. **Revisen su *checklist*:**
   - Verifiquen que todo esté confirmado (proveedores, decoraciones, cronograma).

2. **Creen un plan de pagos:**
   - Asegúrense de que todos los pagos finales estén organizados.

1 semana antes:

Hagan una junta general con proveedores para repasar el cronograma y ajustar detalles finales.

1. **Hagan un ensayo general:**
   - Revisen la ceremonia con el cortejo y verifiquen los tiempos.

2. **Descansen y relájense:**
   - Eviten actividades estresantes y enfóquense en disfrutar.

El día antes:

1. Revisen el montaje. Si pueden, visiten el lugar para verificar la decoración.
2. Preparen sus pertenencias. Asegúrense de llevar anillos, licencias y otros elementos clave.
3. Disfruten de tiempo personal. Cenen ligero y descansen bien para el gran día.

Creen aquí su lista de verificación de último minuto

- [ ] Confirmaciones proveedores
- [ ] Confirmaciones de invitados
- [ ] Ensayo
- [ ] Kit de emergencia
- [ ] Transporte
- [ ] ....
- [ ] ....
- [ ] ....
- [ ] ....
- [ ] ....
- [ ] ....
- [ ] ....
- [ ] ....
- [ ] ....
- [ ] ....
- [ ] ....

Escaneen

3
Cómo tomar decisiones informadas en pareja

Estos ejercicios están diseñados para ayudarlos a tomar decisiones claras, prácticas y alineadas con sus prioridades durante la planificación de su boda. Cada ejercicio incluye un desarrollo detallado para guiarlos paso a paso.

Ejercicio de prioridades

Objetivo:

Identificar qué aspectos de la boda son más importantes para ustedes.

Materiales:

Este libro, lápiz o una tabla en un computador.

Pasos:

1. Hagan una lista de categorías clave: lugar, *catering*, fotografía, música, vestuario, decoración, etc.

2. Asignen una calificación de importancia: cada uno debe calificar de 1 a 10 qué tan importante es cada categoría. Luego, comparen las calificaciones y discutan.

3. Enfóquense en lo esencial: las categorías con las calificaciones más altas son las que deben recibir más atención y presupuesto.

4. Este ejercicio les permitirá alinear expectativas, identificar lo que realmente valoran como pareja y tomar decisiones más conscientes. Al priorizar lo que más les importa, evitarán discusiones innecesarias, optimizarán su presupuesto y podrán enfocarse en lo que hará su boda muy significativa para ustedes.

5. En la página siguiente les dejo un ejemplo de diferentes aspectos de la boda para que los califiquen según la importancia que tienen para ustedes.

Creen aquí sus prioridades

Aspecto	Calificación según la importancia que tiene para ustedes
Lugar	
Hora	
Catering y bebidas	
Fotografía	
Video	
DJ	
Música en vivo	
Vestuario	
Decoración	
Flores	
Entretenimiento	
Papelería	
Invitaciones	
Wedding planner	

Ejercicio del presupuesto inteligente

Objetivo:

Distribuir el presupuesto de manera eficiente y realista.

Materiales:

Una hoja de cálculo o una plantilla de presupuesto.

Pasos:

1. Escriban el monto total disponible.

2. Dividan en porcentajes (les dejo aquí mis recomendados):

- Lugar y catering: 40%
- Fotografía y video: 15%
- Vestuario: 10%
- Decoración y flores: 10%
- Música y entretenimiento: 10%
- Otros (invitaciones, transporte, recuerdos): 15%

3. Ajusten según sus prioridades: basándose en el ejercicio anterior, asignen más presupuesto a las categorías que sean más importantes para ustedes.

4. El resultado será un esquema claro y flexible para manejar los gastos.

Ejercicio de pros y contras

Objetivo:

Tomar decisiones objetivas para cada aspecto de la boda.

Materiales:

Papel, lápiz o una tabla digital.

Pasos:

1. Escojan una decisión pendiente: por ejemplo, elegir entre dos lugares para la recepción.

2. Hagan una tabla con dos columnas: escriban "pros" en una columna y "contras" en otra para cada opción.

3. Califiquen cada punto: asignen una puntuación del 1 al 5 según su relevancia. Sumen los puntos y decidan basándose en los resultados.

4. El resultado será una elección objetiva basada en datos claros.

Ejercicio de escenarios

Objetivo:

Prepararse para posibles imprevistos y evaluar soluciones.

Materiales:

Papel y lápiz.

Pasos:

1. Piensen en tres posibles imprevistos:

Por ejemplo:

- Mal clima en una boda al aire libre.
- Retrasos en la entrega de la comida.
- Invitados adicionales inesperados.

2. Describan una solución para cada escenario:

- Lluvia: tener una carpa como plan B.
- Retrasos: contratar a alguien para supervisar a los proveedores.
- Invitados extras: reservar comida adicional.

3. Evalúen costos y viabilidad: decidan cuáles soluciones implementar según su impacto y presupuesto.

4. El resultado será un plan de acción que reduce el estrés y los riesgos.

Ejercicio de preguntas

Objetivo:

Tomar decisiones alineadas con las prioridades de la pareja.

Materiales:

Ninguno.

Pasos:

1. Háganse estas preguntas antes de tomar cualquier decisión:
   - ¿Esto es esencial para nuestra boda o es un extra?
   - ¿Está dentro de nuestro presupuesto?
   - ¿Representa quiénes somos como pareja?

2. Respondan con sinceridad: si una opción no cumple con estas preguntas, evalúen alternativas.

3. El resultado serán decisiones más conscientes y alineadas con sus objetivos.

Ejercicio de simulación del día de la boda

Objetivo:

Identificar fallas o puntos débiles en la planificación.

Materiales:

Cronograma detallado.

Pasos:

1. Simulen el cronograma: recorran mentalmente cada momento de la boda.

2. Detecten posibles problemas:
   - ¿Hay suficiente tiempo para el montaje?
   - ¿La logística de transporte funciona?

3. Ajusten tiempos y soluciones: incluyan márgenes de tiempo y refuercen áreas críticas.

4. Este ejercicio les dará una visión más clara y realista del día de su boda. Les permitirá anticiparse a posibles contratiempos, reducir el estrés y tomar decisiones más acertadas en cuanto a tiempos, apoyos logísticos y coordinación general. Al hacerlo, estarán mejor preparados para vivir su día con mayor tranquilidad y enfocarse en lo más importante: disfrutar.

Escaneen

4

Cómo manejar el estrés y gestionar las crisis durante la planeación de la boda

Sé que planificar una boda puede generar momentos de estrés, pero aquí está la clave: no se olviden de disfrutar el proceso. Después de todo, están planeando uno de los días más felices de sus vidas, y aunque es natural sentir presión, hay maneras efectivas de mantener la calma sin recurrir a opciones rápidas que, en realidad, pueden no ayudar del todo.

Respiren profundo, que este viaje no es de estrés, sino de amor y alegría.

DAVID BETANCUR®

Ejercicios prácticos para relajarse

1. Respiración profunda (4-7-8)

- Este ejercicio es simple, pero poderoso, y ayuda a calmar la mente y el cuerpo en momentos de tensión.
- Siéntense cómodamente con la espalda recta.
- Inhalen por la nariz y cuenten hasta 4.
- Retengan la respiración y cuenten hasta 7.
- Exhalen lentamente por la boca y cuenten hasta 8.
- Repitan esto al menos 4 veces cuando sientan que el estrés los abruma. Este ejercicio les ayudará a reducir la ansiedad y les permitirá enfocarse de nuevo en lo que importa.

2. Técnica de visualización

Cuando sientan que la lista de pendientes los supera, tómense un momento para cerrar los ojos y visualizar el día de su boda. Imaginen los momentos felices, la alegría de sus invitados, la ceremonia, la música. Permítanse sentir la emoción de ese día perfecto. Esto no solo les ayudará a relajarse, sino que también los motivará a seguir adelante.

3. Caminatas conscientes

Salir a caminar puede ser una forma muy efectiva de desconectar del estrés. No necesitan hacer una rutina intensa, solo salir a respirar aire fresco. Caminen, respiren profundamente y observen lo que los rodea. El movimiento físico ayudará a liberar tensiones y a despejar la mente.

4. Escuchar música relajante

Crear una *playlist* con música que les transmita calma es una excelente manera de relajarse. Pueden escucharla cuando sientan que el estrés comienza a acumularse. La música tiene un efecto increíble sobre el estado de ánimo y les permitirá desconectar por un momento.

> No se preocupen por lo que no pueden controlar; llueve o truene, igual van a decir que estuvo divina.
>
> DAVID BETANCUR®

Cuidado con los relajantes

En estos momentos puede ser tentador recurrir a "soluciones rápidas" como relajantes o pastillas para la ansiedad, pero no se los recomiendo. Muchas veces, esos productos pueden hacer más daño que bien, pues pueden generar dependencia o dejar efectos secundarios que no necesitan en este proceso.

Confíen en ustedes y en su capacidad de manejar el estrés de forma natural. Hay muchas técnicas, como las que les he mencionado, que de verdad funcionan y los ayudan a mantenerse tranquilos sin comprometer su bienestar. Al final, todo lo que necesitan está en ustedes: respirar, caminar, visualizar y, sobre todo, disfrutar.

Recuerden: planificar su boda es un viaje que deben vivir con alegría. No se dejen atrapar por el estrés; ¡el amor y la felicidad que los han traído hasta aquí son mucho más fuertes que cualquier preocupación! Manténganse conectados, respiren y confíen en que todo saldrá perfecto.

Manteniendo la comunicación en pareja

Planear una boda puede ser una experiencia emocionante y enriquecedora, pero también puede sacar a la luz emociones intensas, diferencias y, en algunos casos, conflictos. Es natural: están organizando un evento significativo que involucra emociones, expectativas y presupuestos. Aquí les ofrezco recomendaciones para que manejen su comunicación y gestionen los desafíos de forma saludable.

1. **Reconozcan que es un proceso emocional.**
   - La planeación de una boda no solo implica logística, sino también sentimientos. Las parejas deben ser conscientes de que surgirán momentos de estrés y, en lugar de evitarlos, deben enfrentarlos juntos.
   - Recomendación: reconozcan y validen los sentimientos del otro. Por ejemplo: "Entiendo que estés frustrado/a con esto y quiero que encontremos juntos una solución".

2. **Practiquen una comunicación abierta y respetuosa.**
   - Hablen de expectativas desde el inicio: ¿cómo se imaginan su boda? ¿Qué es lo más importante para cada uno? Tener estas conversaciones temprano ayuda a evitar conflictos más adelante.
   - Escuchen activamente: presten atención a las ideas y preocupaciones del otro sin interrumpir ni descalificar.
   - Eviten culpas y acusaciones: en lugar de decir: "Nunca ayudas con nada", prueben con: "Me gustaría que tomáramos juntos decisiones sobre los proveedores".

3. **Dividan responsabilidades. No todo debe recaer en una sola persona. Delegar tareas ayuda a equilibrar la carga y reduce el estrés.**
   - Hagan una lista de todas las tareas pendientes.
   - Dividan las responsabilidades según los intereses y fortalezas de cada uno. Por ejemplo, uno puede encargarse de contactar proveedores y el otro de la música o el vestuario.

Tip: programen reuniones semanales para revisar avances y tomar decisiones juntos.

4. **Establezcan límites con terceros. Las opiniones de familiares y amigos, aunque bien intencionadas, pueden generar tensión.**
   - Recomendación: decidan juntos cuánto peso les darán a las opiniones externas.
   - Frase clave: "Agradecemos tu sugerencia, pero hemos decidido hacerlo de esta manera porque es lo que nos representa".

5. **Aprendan a negociar. La planeación implica tomar decisiones importantes y es probable que no siempre estén de acuerdo. Negociar no significa que uno ceda por completo, sino encontrar un punto medio que los satisfaga a ambos.**
   - Identifiquen la prioridad de cada uno: ¿es más importante para ti el lugar que para mí la música?
   - Busquen alternativas creativas: si no pueden pagar ambos deseos, busquen una opción más económica para uno y prioricen el otro.

6. **Practiquen técnicas de resolución de problemas cuando surja un conflicto.**
   - Identifiquen el problema: "Nos sentimos estresados porque no hemos definido el presupuesto".
   - Expresen sus sentimientos: "Esto me hace sentir agobiado/a porque no sé cómo organizarnos".
   - Busquen soluciones juntos: "¿Qué tal si dedicamos una tarde de esta semana a revisar los números y establecer prioridades?".

Tip: si se sienten demasiado tensos, tómense un descanso antes de seguir discutiendo.

7. **Reconozcan los momentos de crisis como oportunidades. Cada crisis es una oportunidad para aprender más sobre el otro y fortalecer la relación.**
- En lugar de enfocarse en el problema, háganlo en cómo resolverlo juntos.
- Por ejemplo, si un proveedor falla o surge un problema logístico, pueden apoyarse mutuamente con frases como: "Lo resolveremos, estamos en esto juntos".

8. **Dedíquenle tiempo a la relación. En medio de tanto trabajo, es fácil olvidarse de disfrutar el tiempo en pareja. Dedicar tiempo de calidad a su relación fortalecerá su conexión emocional.**
- Recomendación: programen "citas sin hablar de la boda": momentos en los que no hablen de la planificación, donde solo disfruten como pareja.

9. **Reconozcan sus logros juntos. Celebrar pequeños avances crea un ambiente positivo.**
- Cada vez que completen una tarea importante, tómense un momento para felicitarse y reconocer el esfuerzo mutuo.

10. **Busquen ayuda si la necesitan.**
- Si la tensión se vuelve abrumadora, hablar con un profesional (terapeuta o *coach*) puede ser una herramienta valiosa.

La planeación de una boda no es solo organizar un evento; es una oportunidad para trabajar juntos como equipo, resolver problemas y fortalecer la relación en el proceso.

DAVID BETANCUR®

Gestión de crisis y resolución de problemas

Este ejercicio les ayudará a cuidar su relación a pesar de los retos y las dificultades que surjan en la planeación de la boda. Es clave que lo realicen al principio del proceso y que vuelvan a él cuantas veces sea necesario.

Ejercicio: "Nuestra declaración de equipo"

Siéntense juntos y escriban cómo quieren manejar los desafíos durante la planeación.

Incluyan compromisos como:

- Escucharse con atención.
- Hablar desde el respeto.
- Tomar decisiones que los representen como pareja.
- Disfrutar el proceso.

Ahora les presentaré ejemplos prácticos con soluciones que pueden aplicar para manejar situaciones comunes durante la planeación de su boda:

Diferencias en las prioridades

Situación: uno de los novios quiere destinar más presupuesto al lugar de la recepción, mientras que el otro prefiere invertir en la música.

Solución:

1. Hablen abiertamente sobre por qué cada aspecto es importante. Por ejemplo: "Quiero un lugar espectacular porque será lo que más se destaque en las fotos y lo que los invitados recordarán". "Quiero una banda en vivo porque amo la música y sé que hará que la fiesta sea memorable".
2. Revisen juntos el presupuesto y busquen ajustes en otras áreas para destinar más fondos a ambos aspectos.

3. Si no es posible cumplir ambos deseos, negocien:

- Busquen un lugar más accesible y una banda que se ajuste al presupuesto.
- Comprométanse a destinar más presupuesto a uno, pero equilibrar con otra decisión futura (como los recuerdos o el menú).
- Frase clave: *"Esto es importante para los dos, ¿cómo podemos encontrar un punto medio que nos haga felices?"*.

Conflicto por estilo de la boda

Situación: uno de los novios quiere una boda formal y elegante, mientras que el otro prefiere algo más relajado y casual.

Solución:

1. Identifiquen qué aspectos específicos les importan de cada estilo.

- Formal: decoración sofisticada, código de vestimenta.
- Casual: ambiente relajado, menos rigidez en el protocolo.

2. Combinen ambos estilos:

- Una ceremonia formal con una recepción más relajada.
- Un código de vestimenta semiformal, con elementos decorativos sofisticados, pero no recargados.

3. Frase clave: *"Queremos que nuestra boda refleje lo que somos juntos, así que busquemos cómo unir lo que a ambos nos gusta"*.

Opiniones familiares conflictivas (hablaremos más sobre esto en el capítulo siguiente)

Situación: la madre de uno de los novios insiste en invitar a más personas de las que habían planeado y eso está afectando el presupuesto.

Solución:

1. Los novios deben unirse como equipo y decidir juntos cómo manejar la situación. "Estamos de acuerdo en que el número de invitados debe mantenerse en X".
2. Hablen con la persona involucrada de manera respetuosa: "Entendemos que quieres incluir a más personas, pero hemos decidido mantener la lista limitada para que todos se sientan cómodos y podamos manejar el presupuesto".
3. Ofrezcan una alternativa si es posible: "Podemos considerar organizar una reunión más grande después de la boda para incluir a todos".
4. Frase clave: *"Agradecemos tu sugerencia, pero hemos tomado esta decisión porque es lo que mejor funciona para nosotros como pareja"*.

Fallo de un proveedor

Situación: el fotógrafo que contrataron informa que no podrá asistir a la boda.

Solución:

1. Revisen el contrato para entender las políticas de cancelación o soluciones alternativas ofrecidas por el proveedor (muchos contratos incluyen cláusulas donde el proveedor debe encontrar un reemplazo. Hablaremos sobre esto en detalle en el capítulo sobre consideraciones legales y contratos).
2. Contacten a otros fotógrafos recomendados por amigos o en redes sociales. Consideren buscar en plataformas donde proveedores de última hora publican sus servicios.
3. De ser necesario, redistribuyan el presupuesto de otras áreas para contratar un nuevo fotógrafo.
4. Frase clave: *"Aunque esto es un inconveniente, podemos manejarlo juntos. Lo importante es encontrar una solución que funcione".*

Atrasos en la planeación

Situación: a tres meses de la boda, todavía no han contratado el *catering* ni definido el menú.

Solución:

1. Tómense un día para enfocarse exclusivamente en resolver este tema. Revisen opciones rápidas, como menús predefinidos o *caterings* que trabajen con paquetes estándar.
2. Dividan las tareas: uno contacte y solicite cotizaciones mientras el otro revisa las recomendaciones y calificaciones.
3. Tomen una decisión basada en calidad y eficiencia, incluso si no es la opción más elaborada.
4. Frase clave: *"Estamos un poco retrasados, pero si nos enfocamos en esto juntos, lo resolveremos rápidamente".*

Estrés de última hora

Situación: ambos se sienten abrumados por la cantidad de tareas pendientes una semana antes de la boda.

Solución:

1. Hagan una lista de tareas prioritarias y otra de tareas opcionales.
   - Prioridad: confirmar proveedores, revisar logística.
   - Opcional: decoraciones extras, detalles pequeños.
2. Deleguen lo que puedan a familiares o amigos cercanos.
3. Tómense un momento para desconectarse (por ejemplo, una cena tranquila sin hablar de la boda).
4. Frase clave: *"Hemos trabajado mucho en esto, todo saldrá bien. Lo importante es disfrutar este momento"*.

> Con esta guía, podrán enfrentar los retos de la planificación de su boda con comunicación efectiva y un enfoque saludable.
>
> DAVID BETANCUR®

Crisis no resuelta es historia por contar. Tranquilos, que todo tiene solución.

DAVID BETANCUR®

5

Cómo mantener una comunicación efectiva con familiares y proveedores

La comunicación efectiva es clave para evitar malentendidos, manejar expectativas y garantizar que todo fluya sin contratiempos. Aquí tienen recomendaciones prácticas para interactuar de manera asertiva y profesional con proveedores y familiares.

Proveedores

Sean claros y detallados

- Expliquen sus expectativas con precisión desde el principio.
  Por ejemplo:
  "Queremos un ramo con flores blancas y verdes, pero sin rosas ni claveles".
- Proporcionen ejemplos visuales si es posible (*moodboards*, fotos de referencia).

Formalicen todo por escrito

- Asegúrense de que los acuerdos importantes estén en el contrato: fechas, precios, políticas de cancelación y lo que incluye el servicio.
- Guarden copias de correos, mensajes o notas donde confirmen decisiones.

Establezcan un cronograma de seguimiento

Definan fechas específicas para actualizaciones. Por ejemplo: *"¿Podemos reunirnos dos semanas antes de la boda para revisar el cronograma final?"*.

Escuchen y confíen en la experiencia de los proveedores

Pregunten por recomendaciones basadas en su conocimiento. Por ejemplo: *"¿Qué menú suele funcionar mejor en bodas al aire libre?"*.

- Mantengan la mente abierta a ajustes.

Manejen los cambios con anticipación

Si necesitan modificar algo, informen con tiempo suficiente y confirmen que hayan recibido la actualización.

Sean respetuosos, pero firmes

Si algo no les convence, exprésenlo con tacto. Por ejemplo: *"Agradezco tu sugerencia, pero preferiríamos mantenernos en nuestra idea original"*.

Confirmen todo

Una semana antes de la boda, contacten a cada proveedor para confirmar horarios, entregas y cualquier detalle pendiente.

Resolver problemas de comunicación

Si un proveedor no responde o incumple algo, envíen un correo formal y claro solicitando una solución: *"Nos gustaría aclarar esta situación antes de avanzar. ¿Podrías confirmarnos los próximos pasos?"*.

- **Frase útil para proveedores:** *"Gracias por tu trabajo. Queremos asegurarnos de que esto sea un éxito para ambos. ¿Podrías confirmarme este detalle?"*.

Familiares

Manejen las expectativas desde el inicio

Hablen con los familiares más cercanos sobre lo que esperan de ellos. Por ejemplo: *"Queremos que disfrutes la boda como invitado, pero también que nos apoyes con estas tareas específicas"*.

Sean asertivos, no agresivos

Usen un tono calmado y respetuoso, incluso en situaciones difíciles. Por ejemplo: *"Entiendo que te gustaría invitar a más personas, pero hemos decidido mantener la lista limitada por razones de presupuesto"*.

Definan límites

Dejen claro qué decisiones son exclusivas de los novios y cuáles pueden ser consultadas con otros. Por ejemplo: *"Agradecemos tus sugerencias, pero la decoración es algo que queremos decidir nosotros"*.

Escuchen sus opiniones, pero decidan en pareja

Den espacio a sus ideas para que se sientan incluidos, pero dejen claro que las decisiones finales son de la pareja. *"Nos parece interesante tu idea de agregar ese detalle, lo consideraremos".*

Mantengan una comunicación constante con ellos

Compartan actualizaciones periódicas para evitar que se sientan excluidos o tengan dudas. Un grupo de WhatsApp puede ser útil para esto.

Delegar según las fortalezas de los demás

Sé que muchas veces quieren incluir a sus seres queridos en la planificación de la boda y delegar algunas tareas puede ayudar a aligerar el proceso. Pero, aunque es lindo que sus familiares participen en algunos detalles, hay que tener cuidado. No solo pueden quedar en deudas de favores —que muchas veces son las más difíciles de pagar—, sino que también corren el riesgo de que se pierda la magia de la sorpresa. Al final, todos sabrán cada detalle de la boda antes de que llegue el gran día, y ustedes merecen disfrutar de esos momentos inesperados tanto como sus invitados.

Por eso, deleguen con cuidado. Asignen tareas a personas de confianza que respeten su visión, pero no permitan que todo el mundo opine. Mantengan algunos detalles bajo reserva para que la boda conserve esa magia que tanto han soñado. Por ejemplo, podrían delegar estas actividades:

- Alguien a cargo de coordinar la llegada y salida de los proveedores.
- Un responsable del cronograma que supervise que todo ocurra según lo planeado.
- Encargado del kit de emergencia.

Tip: no sobrecarguen a una sola persona, repartan las responsabilidades de manera equilibrada.

Manejen situaciones de estrés con calma

- Si surgen tensiones, recuérdenles el objetivo principal: celebrar el amor y la unión. *“Sabemos que todos quieren lo mejor para nosotros y agradecemos su apoyo”.*

Para resolver problemas de comunicación

- Si surgen conflictos emocionales, propongan un descanso en la conversación y retómenla cuando ambas partes estén más calmadas: *“Entiendo que esto es importante para ti. Hablemos con más calma mañana para encontrar una solución”.*

Frase útil para familiares: *“Queremos que todos disfruten de este día tanto como nosotros, así que hemos decidido mantener las cosas simples en este aspecto”.*

Estrategias generales para la comunicación

Usen un canal centralizado

Mantengan toda la información organizada en un solo lugar (correo, WhatsApp o una herramienta de gestión como Trello o Google Docs). Esto reduce confusiones.

Sean directos y concisos

Eviten largas explicaciones. Sean breves y enfóquense en lo esencial.

Repitan para asegurar comprensión

Después de cada reunión o conversación importante, resuman los puntos acordados: *"Entonces, hemos definido que el montaje estará listo a las 3:00 p. m., ¿correcto?"*.

Muestren gratitud

Agradezcan tanto a proveedores como a familiares por su tiempo y esfuerzo. Una actitud positiva genera buena disposición. Por ejemplo: *"Gracias por tu ayuda con esta tarea, sabemos que estás haciendo un gran esfuerzo para apoyarnos"*.

Escaneen

6
Consideraciones legales y contratos con proveedores

La relación con los proveedores es uno de los pilares más importantes para garantizar el éxito de su boda. Por eso, es crucial manejar todos los acuerdos de forma profesional y clara, respaldándolos con contratos legales. Este capítulo les ayudará a comprender qué deben tener en cuenta al contratar proveedores y cómo protegerse de posibles problemas.

Un contrato es más que un simple documento; es su garantía de que el proveedor cumplirá con lo acordado. Establece los derechos, los deberes y las responsabilidades de ambas partes; protege su inversión, evita malentendidos y sorpresas, y les proporciona un respaldo legal en caso de incumplimiento.

Al momento de firmar un contrato con un proveedor, asegúrense de que incluya lo siguiente:

1. **Datos del proveedor y cliente:**

- Nombre completo, dirección y contactos de ambas partes.

2. **Descripción detallada del servicio:**

- Especificaciones claras de lo que incluye (por ejemplo, tipo de flores, menú, duración del servicio, cantidad de fotos, etc.).
- Fecha, lugar y hora de prestación del servicio.

3. **Costo total y desglose de pagos:**

- Precio final del servicio, incluyendo impuestos.
- Detalle de pagos iniciales, fechas de pago intermedias y saldo final.
- Política de reembolsos y cancelaciones.

4. **Plazo de entrega:**

- Fecha límite para entregar productos finales, como álbumes de fotos, videos, *souvenirs*, etc.

5. **Términos de modificación:**

- Procedimientos para realizar cambios o ajustes en el servicio.

6. **Cláusula de incumplimiento:**

- Penalizaciones por incumplimiento de ambas partes.
- Responsabilidades en caso de fuerza mayor (clima, desastres naturales, etc.).

7. **Políticas de cancelación:**

- Reembolsos parciales o totales según el momento de la cancelación.
- Condiciones específicas para rescindir el contrato.

8. **Firmas de ambas partes:**

- La firma es el elemento que hace oficial el acuerdo.

> Antes de firmar, lean muy bien todo el documento. Aunque el contrato sea extenso, revisen cada cláusula con cuidado y consulten con un abogado si tienen dudas: es mejor prevenir posibles problemas legales antes de comprometerse. Les recomiendo que guarden varias copias de los contratos firmados, al menos una física y una digital. Además, eviten los acuerdos verbales; si algún cambio se acuerda después de firmar, asegúrense de que quede por escrito.

¿Y qué hacer si un proveedor incumple?

1. **Comunicación inicial:** hablen directamente con el proveedor para buscar una solución amigable.
2. **Revisen el contrato:** consulten las cláusulas relacionadas con incumplimiento y penalizaciones.
3. **Consideren contratar ayuda legal:** si no se llega a un acuerdo, busquen la asesoría de un abogado especializado.
4. **Documenten todo:** guarden correos, mensajes y cualquier evidencia que respalde su posición.

Ejemplo práctico de una cláusula esencial

Cláusula de cancelación

"En caso de que el cliente decida cancelar el servicio con más de 60 días de anticipación al evento, se reembolsará el 80% del monto pagado. Si la cancelación ocurre con menos de 60 días, no habrá reembolso. En caso de fuerza mayor, ambas partes renegociarán las fechas o términos del contrato".

Consideraciones legales y documentos para la boda

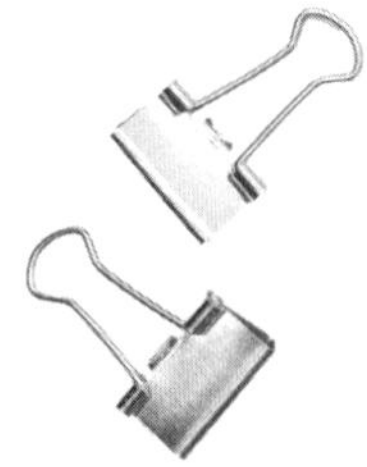

1. **Registro civil de nacimiento de ambos**

- ¿Para qué se necesita? Para acreditar la identidad y el estado civil.
- Tiempo estimado para tramitarlo: se puede hacer inmediatamente (en línea o presencial).
- ¿Cuándo? Al menos dos meses antes de la boda.

2. **Cédula de ciudadanía o documento de identidad vigente**

- ¿Para qué se necesita? Para verificar la identidad de los contrayentes.
- Tiempo estimado para renovarlo (si aplica): de ocho a quince días hábiles.
- ¿Cuándo? Desde el inicio del proceso.

3. **Certificado de soltería o declaración juramentada**

- ¿Para qué se necesita? Para probar que no hay impedimentos legales para casarse.
- Tiempo estimado para obtenerlo: de una a dos semanas.
- ¿Cuándo? Al menos un mes antes de la boda.

4. **Solicitud formal de matrimonio (documento oficial ante notaría o entidad religiosa)**

- ¿Para qué se necesita? Para iniciar el proceso.
- ¿Cuándo? De uno a dos meses antes de la boda.

5. **Acta de divorcio o defunción del cónyuge (si aplica)**

- ¿En qué casos se necesita? En caso de que alguno de los contrayentes haya estado casado previamente.
- Tiempo estimado para obtenerla: de una a dos semanas.
- ¿Cuándo? Al menos dos meses antes de la boda.

6. **Poder especial (si uno de los novios no puede estar presente para trámites previos)**

- ¿Para qué se necesita? Para que otra persona haga los trámites en nombre del contrayente ausente.
- ¿Cuándo? Mínimo un mes antes de la boda.

7. **Pago de derechos notariales o parroquiales**

- ¿Para qué se necesita? Para formalizar el trámite ante la notaría o iglesia.
- ¿Cuándo hacerlo? En el momento de presentar la solicitud (de uno a dos meses antes de la boda).

8. **Reserva del lugar y acta de matrimonio**

- ¿Para qué se necesita? Para dejar por escrito la fecha, la hora y el lugar de la ceremonia.
- ¿Cuándo? Confirmarla mínimo con dos meses de anticipación.

9. ***Nihil obstat***

- ¿Para qué se necesita? Para que la Iglesia autorice la boda en casos puntuales: por ejemplo, si uno de los contrayentes ya estuvo casado y anuló su matrimonio anterior, si uno o ambos son extranjeros y no pertenecen a la diócesis donde se celebrará la boda, o si el matrimonio se realizará en una iglesia distinta a la parroquia de residencia.
- ¿Tiempo estimado? Entre una semana y varios meses, dependiendo del caso.
- ¿Cuándo? Solicitarlo mínimo de tres a seis meses antes de la boda, si saben que su situación requiere esta aprobación especial.

Recomendaciones adicionales:

- Verifiquen los requisitos específicos en la notaría, juzgado o iglesia donde planean casarse.
- Debido a la alta demanda, hay iglesias que exigen reserva con más de un año de anticipación. También pueden solicitar cursos prematrimoniales, entrevistas pastorales y otros requisitos.
- Si alguno de los contrayentes es extranjero, puede necesitar apostillar y traducir los documentos, lo que hará que el trámite se demore más.
- Si se casan por la Iglesia, deben legalizar el matrimonio en una notaría presentando el acta eclesiástica para que el matrimonio quede registrado oficialmente ante el Estado.
- En la notaría también pueden firmar las capitulaciones matrimoniales, un documento que establece acuerdos económicos antes de la unión. Por ejemplo, si desean diluir la sociedad conyugal y mantener cada uno sus bienes por separado, este es el momento legal para hacerlo.
- Guarden copias físicas y digitales de todos los documentos legales y creen una carpeta específica para estos.

Tip personal

Aunque nos casamos con la idea de que será para toda la vida, lo más importante del amor es mantenerlo siempre claro, como el agua. El matrimonio es un acto hermoso, lleno de emoción y propósito, pero también es una transacción legal, y, como toda transacción, necesita reglas claras. Hablar de capitulaciones no significa que no confíen en su pareja, sino que están siendo conscientes y responsables. Mi recomendación: tengan esta conversación incómoda desde el principio, sin miedo. No esperen a estar a dos horas de caminar al altar para sacar un documento que nadie esperaba. Si van a proponer firmar capitulaciones: sean claros, honestos y justos. Si se las proponen: no se lo tomen a mal, simplemente escuchen, hagan sus preguntas y expongan sus puntos de vista. Créanme, para quien las propone también es incómodo. Así que bajen las armas, suelten los miedos y hablen como los adultos que están pensando en construir una vida juntos.

Errores comunes que cometen las parejas al casarse (¡y cómo evitarlos!)

1. *No contarle a su pareja que ya estuvieron casados.* Parece obvio, pero sí, pasa. Ocultar un matrimonio anterior (civil o religioso) puede complicar todo legal y emocionalmente. La transparencia es clave.
2. *Evadir las capitulaciones o tomárselas como algo personal.* Estas no son sinónimo de desconfianza, sino una herramienta de claridad y respeto mutuo. No hablarlo a tiempo puede generar malentendidos.
3. *Casarse por una religión que no comparten o en la que no creen.* Ceder solo por presión familiar o por tradición puede dejar una sensación incómoda para toda la vida. Ambos deben sentirse cómodos y representados.
4. *No gestionar con tiempo la disolución de un matrimonio religioso anterior.* Si alguno ya se casó por la Iglesia y desea volver a hacerlo, debe tramitar la nulidad eclesiástica. Esto puede tomar más de un año, así que lo ideal es hacerlo con mucha anticipación.
5. *No hacer los trámites de la Iglesia a tiempo.* A veces creen que el *wedding planner* o un familiar puede encargarse de esto, pero no: los trámites religiosos son personales e intransferibles.

6. *No gestionar el curso prematrimonial.* Es un requisito en muchas iglesias y su disponibilidad puede estar limitada. No lo dejen para último momento.
7. *Creer que una boda al aire libre puede ser una ceremonia religiosa válida.* Las ceremonias católicas solo pueden realizarse en recintos sagrados, como iglesias o capillas autorizadas. Si sueñan con una boda al aire libre, consulten primero con su sacerdote para evaluar otras alternativas, como una bendición simbólica.
8. *No tener lista la ceremonia civil si su boda es por otra religión.* Si su boda es por una religión diferente a la católica (cristiana, espiritual, judía, simbólica, etc.), es muy probable que les exijan haber realizado ya la ceremonia civil para celebrar la unión bajo ese rito. Infórmense con tiempo sobre los requisitos específicos de su comunidad religiosa.

Escaneen

7

To-do list para planificar su boda

Sé que planear una boda puede parecer abrumador, pero si lo hacen en equipo y con una lista clara, todo será mucho más sencillo. Aquí les dejo una lista de tareas básicas que les ayudará a mantener el control de cada paso, y lo mejor es que podrán ir disfrutando del proceso sin estrés. Les explicaré cada una en detalle.

- [ ] Definir el presupuesto
- [ ] Elegir el tema y estilo de la boda
- [ ] Elegir la fecha
- [ ] La lista de invitados
- [ ] La locación de la boda
- [ ] Contratar a los proveedores principales
- [ ] Las invitaciones
- [ ] Elegir el vestuario
- [ ] Planear la ceremonia
- [ ] Coordinar la logística y los detalles
- [ ] Planear la luna de miel
- [ ] Confirmar proveedores
- [ ] Disfrutar del gran día

Definir el presupuesto

Crear un presupuesto es uno de los pasos más importantes, ya que les ayudará a tener una idea clara de cómo distribuir los gastos y priorizar lo que realmente es importante para ustedes.

- Establezcan un monto total que estén dispuestos a invertir en su boda.
- Hagan una lista de las prioridades: ¿qué es lo más importante para ustedes? (Por ejemplo: lugar, fotógrafo, decoración).
- **Opcional:** contraten a un *wedding planner* que se ajuste a sus necesidades y a su presupuesto.

¿Cómo armar el presupuesto?

1. Definan el presupuesto total

Lo primero que deben hacer es acordar una cifra total. Hablen sobre cuánto están dispuestos a invertir. Este número les servirá de referencia para tomar decisiones más adelante.

2. Dividan por categorías principales

Ahora vamos a dividir ese presupuesto en categorías clave. Más abajo les daré un ejemplo de cómo podrían asignar los porcentajes, pero lo pueden ajustar según sus prioridades.

3. Estimen los costos de cada categoría

Cuando tengan las categorías claras, van a estimar cuánto dinero destinarán a cada una. Para hacerlo, busquen precios promedio de los proveedores de su zona o pidan cotizaciones. Esto les dará una idea realista de cuánto pueden gastar.

Ejemplo:

- Lugar y *catering*: 45% del presupuesto total
- Fotografía y video: 10% del presupuesto total

4. Identifiquen las prioridades

Algunas cosas serán más importantes que otras para ustedes. Tal vez quieran invertir más en la fotografía, porque desean tener recuerdos de alta calidad, o quizás prefieran destinar más al vestuario. Decidan en qué están dispuestos a gastar un poco más y en qué podrían ahorrar.

Ejemplo:

"Queremos un fotógrafo increíble, así que le asignaremos un 15% en vez de un 10%".

5. Reservas y extras

Es una buena idea reservar entre un 5% y 10% del presupuesto total para imprevistos o gastos de última hora que puedan surgir, como algún detalle adicional o algo que hayan olvidado incluir al principio.

Ejemplo:

"Reservamos un 5% para cualquier gasto extra que surja en el camino".

6. Control y ajuste continuo

A medida que vayan contratando proveedores y recibiendo cotizaciones finales, revisen si están dentro del presupuesto o si es necesario ajustar algunas áreas. Este libro será su aliado para llevar un control de todo lo que gasten.

Tip: pueden usar una hoja de cálculo o este libro para llevar el control de los pagos y depósitos que hagan, así como de las fechas límite.

Creen aquí su presupuesto

Descarguen esta plantilla digital

Aquí les dejo un esquema básico para organizar los principales gastos de la boda, incluyendo el 10% para el *wedding planner* y un 5% adicional para imprevistos.

Presupuesto total

Total disponible: ___________________
Este es el monto total que deciden destinar para toda la boda.

Distribución del presupuesto

Categoría	% del presupuesto	Monto estimado
Lugar de la boda	25%	
Catering y bebidas	20%	
Fotografía y video	10%	
Decoración y flores	10%	
Música y entretenimiento	8%	
Vestuario (novia y novio)	7%	
Papelería e invitaciones	3%	
Otros (transporte, detalles, etc.)	2%	
Wedding planner	10%	
Fondo para imprevistos	5%	

El que tiene para el whisky, tiene para el hielo. ¡Cuidado con esos extras!

DAVID BETANCUR®

Escaneen

Elegir el tema y estilo de la boda

Cada pareja tiene una personalidad, una historia, y su boda debe ser un reflejo de eso. Tal vez ustedes se sientan atraídos por un estilo moderno y minimalista o tal vez les encantan los elementos *vintage* y románticos. Lo importante aquí es que, antes de sumergirse en los detalles logísticos, se tomen un momento para pensar: ¿cómo queremos que se sienta nuestra boda?

Preguntas para definir su estilo:

- ¿Qué lugares o ambientes nos hacen sentir más cómodos? (naturaleza, ciudad, playa, etcétera).
- ¿Qué colores nos representan? Tal vez ya tengan colores favoritos como pareja o que les recuerden algún lugar que los inspire.
- ¿Cómo nos imaginamos ese día? ¿Íntimo y sencillo? ¿Grande y lleno de amigos? ¿De noche o de día?
- ¿Qué detalles son imprescindibles para nosotros? Flores, luces, música en vivo, ¡cualquier cosa que sientan que tiene que estar presente!
- Ya sea elegante, rústico, minimalista... Háganlo personal y que refleje sus gustos.

Elegir la fecha

¿Tienen alguna fecha especial en mente? Si no, consideren el clima, la disponibilidad del lugar y de sus seres queridos más cercanos.

Elijan una fecha con significado

Tip: no les recomiendo escoger fechas comerciales, como el Día de la Madre o Navidad, porque todo tiende a ser más costoso. Esto les puede ahorrar varios dolores de cabeza.

La fecha de su boda no es solo un día en el calendario; es una fecha que marcará el inicio de una nueva etapa en sus vidas. Tómense un momento para reflexionar sobre por qué eligieron este día en particular. Quizá es el aniversario de su primer encuentro, una estación del año que les trae buenos recuerdos o simplemente un día que sentían especial desde el principio.

Escriban aquí la fecha y lo que significa para ustedes. Este pequeño detalle puede agregar un valor sentimental que hará que ese día sea aún más significativo. Al final, esta será una fecha que celebrarán y recordarán por siempre, así que el significado detrás de ella es tan importante como todo lo que están planificando.

Fecha de la boda

La lista de invitados

Empiecen con una lista preliminar de todas las personas que les gustaría invitar, revisen si el número de invitados encaja en su presupuesto y hagan ajustes si es necesario.

> La lista de invitados siempre tiene drama, pero la boda es suya. Inviten a quienes realmente importan.
>
> DAVID BETANCUR®

Creen aquí su lista de invitados

Descarguen esta plantilla digital

Nombre completo	
Acompañante	
RSPV	Teléfono
e-mail / Dirección	
Restricción alimenticia	
Mesa asignada	
Tipo de invitado (familia, amigos, trabajo)	

Creen aquí su plan de montaje

Descarguen esta plantilla digital

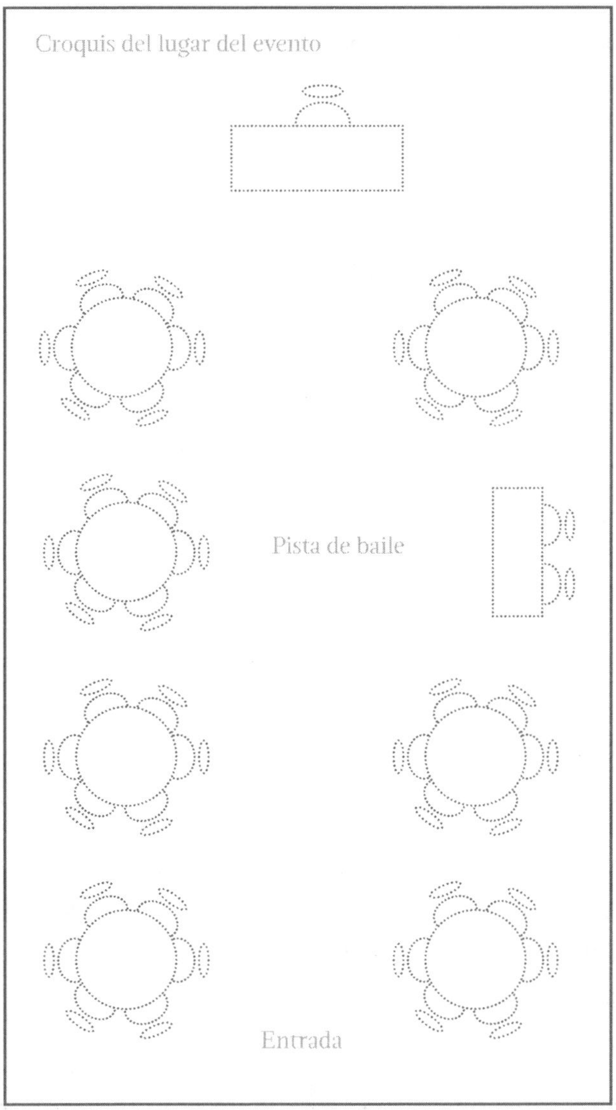

Mesas para 6 personas

Mesa principal

Consola DJ

....

....

....

....

Indicaciones para proveedores:

....

....

....

....

....

....

Creen aquí su menú

❦ Entrada ❦

....

....

....

❦ Plato principal ❦

....

....

....

❦ Postres ❦

....

....

....

❦ Bebidas ❦

....

....

....

Restricciones alimentarias

....

....

....

Sugerencias del *catering*

....

....

....

No se preocupen tanto por impresionar a los demás, preocúpense por disfrutar

DAVID BETANCUR®

La locación de la boda

Según lo que definieron en su tablero de inspiración, hagan una lista de posibles locaciones que les gusten. Organicen visitas y pregúntenle a cada lugar sobre disponibilidad, capacidad, precios y opciones adicionales.

Listado de posibles lugares

Boda de destino o invitados extranjeros

Tener una boda de destino o recibir invitados de afuera puede ser un reto, pero con una organización efectiva y herramientas inteligentes pueden hacer que se sientan bienvenidos sin aumentar su estrés. Aquí tienen una guía práctica para manejarlo.

Diseñen una guía de viaje personalizada con información esencial

Lugar de la boda:

- Dirección exacta.
- Enlace a Google Maps o indicaciones específicas.

Horarios clave:

- Fecha y hora de la ceremonia, cóctel, recepción y cualquier evento adicional.
- Tiempo estimado de traslados entre lugares (si aplica).

Código de vestimenta:

- Expliquen si es formal, casual, semiformal y ajustado al clima.

Opciones adicionales

Alojamiento:

- Hoteles recomendados con diferentes rangos de precio, direcciones y teléfonos.
- Enlaces directos a reservas o Airbnb en zonas cercanas.

Transporte:

- Información de aeropuertos y estaciones.
- Opciones locales como taxis o renta de autos.
- Contactos para transporte grupal, si lo han organizado.

Turismo local:

- Actividades opcionales como museos, parques o *tours.*
- Recomendaciones de restaurantes o cafés con platos típicos.

Centralicen toda la información en un sitio web

Esta es una herramienta increíblemente útil para compartir información con sus invitados y facilitar la planificación. Todos pueden acceder a la información en un solo lugar, lo que reduce las preguntas repetitivas, y se puede actualizar fácilmente si hay cambios.

¿Qué incluir?

- Cronograma del evento: horarios y ubicaciones.
- Información de viaje: transporte, alojamiento y actividades turísticas.
- Confirmación de asistencia (RSVP).
- Preguntas frecuentes: clima, *dress code,* opciones de regalos.
- Contactos importantes: de alguien que pueda ayudar con preguntas.

Plataformas recomendadas:

- Zankyou, The Knot o Wix ofrecen plantillas sencillas y elegantes para bodas.

¿Debo pagar los gastos de los invitados en una boda de destino?

Una boda de destino es una experiencia increíble, pero también implica que los invitados hagan un esfuerzo adicional para asistir. La gran pregunta es: ¿deben cubrir sus gastos? La respuesta corta es NO, pero hay consideraciones importantes.

1. Lo que NO es su responsabilidad cubrir ☒

En un protocolo convencional, se esperaría que los novios asumieran los costos de sus invitados, y eso está muy bien. Pero, llevándolo a la realidad, esto sería un gasto enorme para la mayoría de las parejas.

Como anfitriones, NO están obligados a pagar por:

☒ Vuelos o transporte hasta el destino.

☒ Alojamiento de los invitados.

☒ Gastos personales como alimentación fuera del evento o actividades turísticas.

🔍 **Regla clave:** cada invitado decide si puede asumir el costo de asistir. **No se sientan culpables si alguien no puede viajar.**

2. Lo que SÍ pueden considerar para facilitar la asistencia ☑

Aunque no deben pagar por todo, **sí pueden hacer que la experiencia sea más cómoda y especial para ellos:**

Negociar tarifas especiales en hoteles

- Reserven bloqueos de habitaciones con descuentos para sus invitados.
- Proporciónenles un enlace o código especial para que reserven fácilmente.

Faciliten el transporte local

- Si el hotel y la boda están en lugares separados, pueden organizar un transporte grupal (*shuttles* o buses).
- Si el aeropuerto está lejos del hotel, proporcionen información clara sobre las mejores opciones de traslado.

Recíbanlos con un detalle especial

- Un *welcome kit* con *souvenirs* del destino es un gran gesto de agradecimiento.
- Pueden incluir una carta personalizada, *snacks*, mapas o pequeños recuerdos locales.
- Si el presupuesto lo permite, podrían ofrecerles una amenidad especial, como un día de *spa* en el hotel o una experiencia grupal.

3. Alternativa: cubrir algunos gastos estratégicos

Si el presupuesto lo permite, algunos novios optan por cubrir gastos estratégicos, como:

☑ El alojamiento de familiares cercanos o del cortejo nupcial.

☑ Una parte del transporte local (*shuttles*, buses).

☑ Un *brunch* de despedida o una cena de bienvenida.

Regla clave: si deciden pagar algo, háganlo parejo para todos o solo para un grupo muy cercano (padres, hermanos, damas de honor). Eviten favoritismos que puedan causar incomodidad.

4. Si pueden y quieren ayudar, háganlo en privado

Si está en sus posibilidades, identifiquen a esas personas que realmente quieren que los acompañen, pero que saben que el costo puede ser un limitante para ellas.

- Anúncienles en privado que cubrirán su hospedaje o transporte, sin hacerlo público para evitar malentendidos o presiones innecesarias.
- Háganlo con naturalidad para que se sientan cómodos y no comprometidos a aceptar si no pueden viajar.

Ejemplo:

"Sé que asistir a nuestra boda implica un gasto y quiero que sepas que para nosotros es muy importante que estés. Nos encantaría ayudarte con el alojamiento para que puedas acompañarnos sin preocupaciones".

En un mundo ideal, pagar por los invitados sería lo correcto, pero, en la realidad, asumir todos esos costos puede ser excesivo para la mayoría de las parejas. Lo importante es que sepan que no es su obligación hacerlo. Al final, cada invitado decidirá si puede asistir, y lo más importante es que los que vayan lo hagan con la mejor actitud para celebrar con ustedes. Porque una boda de destino no solo es un viaje; es una experiencia compartida.

Ejemplo práctico de mensaje de bienvenida

¡Bienvenidos a [nombre de la ciudad]!

Estamos encantados de que nos acompañen en este momento tan especial.

Hemos preparado un sitio web con toda la información para su visita: [enlace].

Si necesitan ayuda adicional, pueden contactar a [nombre, número].

¡Nos vemos pronto!

Con cariño,
[nombres de los novios]

Organicen actividades opcionales

Planifiquen actividades sencillas para quienes lleguen antes o se queden después de la boda.

Ideas:

- Cena informal: en un restaurante local la noche antes de la boda.
- *Brunch* de despedida: una reunión relajada el día después.
- *Tours* cortos: sugerencias como paseos por el centro histórico o mercados locales.

Nota: asegúrense de aclarar que estas actividades son opcionales y no forman parte del evento principal.

Tip: denle a esta persona acceso al sitio web para que también pueda guiar a los invitados.

Deleguen responsabilidades

Designen a una persona de confianza como coordinadora de invitados foráneos.

Esta persona puede resolver dudas frecuentes, supervisar la entrega de los kits de bienvenida y asegurarse de que el transporte grupal funcione.

Establezcan límites

Recuerden que ustedes no pueden encargarse de todo. Hagan lo posible para que sus invitados se sientan cómodos, pero no permitan que su organización interfiera con sus últimos días antes de la boda.

El día de la boda

Asegúrense de que los traslados estén organizados y de que alguien esté atento para recibir a los invitados y guiarlos. Coordinen con los proveedores para que todo esté listo antes de la llegada de los invitados.

Las invitaciones

Las invitaciones son la carta de presentación de su boda y el primer vistazo que sus invitados tendrán del gran día. Por eso, es importante que reflejen el estilo, la temática y la personalidad de ustedes como pareja. Aquí les dejo una guía que les servirá para definir el estilo de sus invitaciones.

1. **Conecten las invitaciones con el estilo de la boda:** si su boda será romántica y clásica, pueden optar por tonos suaves, papel texturizado y tipografía elegante. Para bodas modernas o minimalistas, líneas limpias y colores neutros suelen funcionar mejor. ¿Será en la playa? Piensen en colores cálidos o detalles tropicales.

2. **Incluyan un toque personal:** agreguen algo que hable de ustedes, como una frase que los represente, un dibujo del lugar donde se casarán o incluso un monograma personalizado.

3. **Elijan el formato adecuado:** las invitaciones pueden ser tradicionales (en papel) o digitales. Ambos formatos son válidos, pero asegúrense de que el diseño sea impecable y acorde con el tono de su celebración.

¿Qué no puede faltar en la tarjeta?

Aunque las invitaciones deben ser hermosas, también necesitan ser claras y funcionales. Estos son los elementos que no pueden faltar:

- Nombres de los novios de manera destacada.
- Fecha y hora de la boda bien visibles.
- Lugar de la ceremonia y recepción con la dirección completa.
- Instrucciones adicionales: si el lugar es de difícil acceso, agreguen un mapa o indicaciones claras para llegar.
- Código de vestimenta mencionado con claridad.
- Confirmación de asistencia: incluyan un número, correo o enlace para RSVP.

¿Para qué se confirma la asistencia de los invitados?

Confirmar la asistencia de los invitados (RSVP - *Répondez s'il vous plaît*) no es solo un formalismo; es una herramienta clave para que la boda sea organizada, precisa en costos y estéticamente impecable.

1. Para tener un cálculo exacto de los costos

Cada invitado representa un gasto en *catering*, mobiliario, recordatorios, bebidas y logística. Saber cuántas personas asistirán permite ajustar el presupuesto de manera eficiente y evitar gastos innecesarios.

Ejemplo:

Si se confirma para 100 personas y llegan 120, habrá problemas con la comida y la organización. Si confirmaron para 120 y llegan 80, pagaron de más.

2. Para definir la ubicación de las mesas 🪑

Saber cuántos invitados asistirán permite:

☑ Diseñar un mapa de mesas bien distribuido y evitar espacios vacíos o invitados mal ubicados.

☑ Crear una asignación estratégica según grupos familiares, amigos o necesidades especiales.

☑ Evitar el incómodo "¿Y dónde me siento?" el día de la boda cuando los invitados no confirmaron.

3. Para identificar restricciones alimentarias 🥦

Cada vez más personas tienen alergias, restricciones alimenticias o preferencias específicas (vegetarianos, veganos, intolerancias). Confirmar asistencia permite:

☑ Informar con tiempo al *catering.*

☑ Evitar imprevistos con platos que no puedan ser consumidos por ciertos invitados.

Ejemplo:

Si 10 personas son veganas y no avisaron, el día de la boda no habrá opciones para ellos.

4. Para que todo esté organizado y bonito ✨

☑ Confirmar invitados permite que la boda luzca coherente y equilibrada, sin espacios vacíos en las mesas ni desajustes en la decoración.

☑ Permite que los organizadores sepan exactamente cuántos menús, sillas y detalles deben estar listos.

Conclusión: confirmar la asistencia **no es un capricho**; es una estrategia para que la boda sea bien planificada, fluida y estéticamente impecable. Así, todo estará listo para que los novios y los invitados disfruten sin preocupaciones. 💍

¿Lista de regalos o lluvia de sobres?

Cada pareja tiene necesidades y preferencias diferentes y ambas opciones son válidas. Aquí les explico en qué consisten y cómo elegir la mejor para ustedes.

La lista de regalos es ideal si desean que sus invitados contribuyan con objetos específicos, como artículos para el hogar. Las listas en tiendas físicas o en línea permiten facilitar las compras y aseguran que recibirán justo lo que necesitan.

La lluvia de sobres es perfecta si prefieren tener flexibilidad para usar el dinero en lo que más deseen, ya sea en la luna de miel, amoblar su casa o cualquier otro propósito.

Tip: para mantener la elegancia, pueden incluir una tarjeta con un mensaje como:

"Tu presencia es nuestro mejor regalo, pero si deseas contribuir, te dejamos esta opción".

Guía para la lista de regalos

COCINA

- Juego completo de ollas de acero inoxidable
- Batería de cocina antiadherente
- Juego de cuchillos profesionales
- Vajilla para 6 u 8 puestos
- Copas de vino / *champagne* / agua
- Jarra eléctrica para té o café
- Set de especieros con soporte
- Tabla para picar en madera o mármol
- Juego de recipientes herméticos para almacenar
- Cafetera tradicional o prensa francesa
- Set para *fondue*
- Parrilla eléctrica o de gas pequeña

DORMITORIO

- Juego de sábanas de 300 hilos o más
- Edredón de plumas o microfibra *premium*
- Cojines decorativos
- Set de almohadas ortopédicas o *memory foam*
- Manta o cobija tejida
- Organizador de clóset o zapatos
- Lámparas de noche con luz cálida regulable
- Velas aromáticas para la mesa de noche
- Ropa de cama en lino o algodón egipcio
- Cortinas *blackout* o decorativas

LÍNEA DE ELECTRODOMÉSTICOS

- Licuadora de alto rendimiento
- *Air fryer*
- Robot de cocina / procesador de alimentos
- Horno tostador o microondas
- Aspiradora robot o de mano
- Máquina para hacer *waffles* o *pancakes*
- Tostadora vintage o moderna
- Dispensador de agua
- Estación de café o máquina de expreso
- Plancha a vapor de alta gama

DECORACIÓN

- Cuadro o ilustración personalizada de la pareja
- Espejo decorativo de cuerpo entero
- Jarrones o floreros modernos
- Centro de mesa en cerámica o vidrio
- Lámparas colgantes o de piso
- Portarretratos para fotos especiales
- Macetas o materas con plantas de interior
- Reloj de pared con diseño elegante
- Mueble pequeño decorativo (esquinero, banco, etc.)
- Alfombra tejida o de textura suave

EXPERIENCIAS

- Cena romántica en restaurante *gourmet*
- Clase de cocina para parejas
- Día de spa para dos
- Sesión de fotos profesional postboda
- Boletas para concierto, teatro o espectáculo
- Estancia de una noche en un hotel *boutique*
- Experiencia de cata de vinos o cervezas artesanales
- Clase de coctelería
- Tarjeta regalo de viajes o experiencias (tipo Wonderbox, Airbnb, entre otros)

¿Cómo marcar las tarjetas de su boda?

La forma de marcar las invitaciones también es clave para evitar malentendidos:

- Invitaciones personalizadas: escriban los nombres completos de los invitados en la tarjeta o sobre.
- Incluyan especificaciones: si invitan solo a una persona o a una pareja, asegúrense de que quede claro. Por ejemplo: "Sr. y Sra. Rodríguez" o "Mariana López".

¿Con cuánto tiempo de anticipación se deben entregar?

El tiempo adecuado para enviar las invitaciones depende del lugar y los invitados:

- Invitados locales: entre 6 y 8 semanas antes del evento.
- Invitados internacionales: con 3 meses de anticipación. Complementen con un *Save the Date* al menos 6 meses antes.

La marcación de los puestos y el menú impreso

Aunque parece un detalle pequeño, estos elementos hacen que sus invitados se sientan especiales y ayudan a mantener el orden. La marcación de los puestos facilita que cada invitado encuentre su lugar rápidamente y ayuda a que las mesas luzcan más organizadas, y el menú impreso es un toque de elegancia que les informa a los invitados sobre lo que disfrutarán durante la comida.

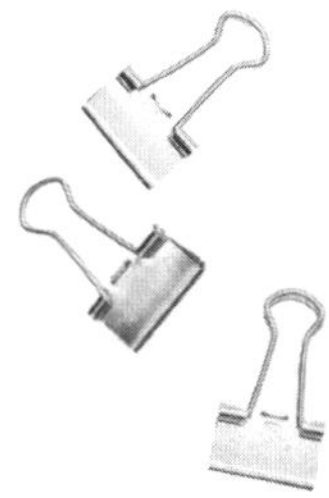

¿Invitaciones digitales?

Las invitaciones digitales son una opción práctica, moderna y sostenible que puede ajustarse a diversas circunstancias. A continuación, les cuento los casos en los que son especialmente recomendadas:

1. Cuando tienen un presupuesto ajustado

- Las invitaciones digitales eliminan los costos de impresión, materiales y envío postal.
- También permiten invertir ese presupuesto en otros aspectos de la boda, como decoración, *catering* o entretenimiento.

Tip: si su boda tiene un presupuesto limitado y quieren priorizar la experiencia de sus invitados, optar por invitaciones digitales les permitirá ahorrar significativamente sin sacrificar estilo.

2. Para bodas con invitados internacionales

- Enviar invitaciones digitales facilita llegar a personas que viven en diferentes países sin preocuparse por los costos o retrasos del correo postal.
- Además, pueden incluir enlaces a mapas, alojamiento y otros detalles relevantes, todo en un solo clic.

Ejemplo práctico:
El primo en Canadá y la amiga en España recibirán la invitación el mismo día que sus amigos locales, sin costos extra y con acceso a toda la información.

Tip: al compartir su invitación digital, pueden añadir una frase como: "Optamos por una invitación digital para cuidar el medioambiente, con la misma ilusión de compartir este día tan especial contigo".

3. Si quieren ser ecoamigables

- Para parejas conscientes del impacto ambiental, las invitaciones digitales son una alternativa sostenible que reduce el uso de papel y tinta.
- También pueden usar plataformas que ofrezcan diseños elegantes y personalizados, asegurando que sean tan especiales como las impresas.

4. **Cuando necesitan rapidez y flexibilidad**

- Las invitaciones digitales son ideales si planean su boda en un corto período de tiempo o si desean realizar ajustes de último momento.
- Permiten enviar recordatorios, cambios de lugar u horarios con facilidad.

Tip: si deciden cambiar el lugar de la recepción, pueden notificarlo a todos sus invitados de forma inmediata a través de un correo electrónico o un grupo privado.

5. **Para bodas íntimas y modernas**

- En bodas pequeñas, donde el enfoque es la cercanía y la comodidad, las invitaciones digitales refuerzan la idea de un evento relajado y personal.
- Pueden personalizar cada invitación con un mensaje único para sus invitados.

Ejemplo práctico:
Una boda íntima en la playa puede tener invitaciones digitales diseñadas con elementos visuales acordes, como palmeras, olas o tonos cálidos.

Tip: envíen invitaciones físicas a los familiares mayores que prefieren el formato tradicional y digitales a los amigos más tecnológicos.

6. Para complementar las invitaciones físicas

- Pueden usar una invitación digital como acompañamiento de las invitaciones físicas para incluir detalles adicionales, como mapas interactivos, listas de regalos o formularios de confirmación de asistencia (RSVP).

Ventaja adicional: personalización sin límites

- Pueden incorporar animaciones, videos o enlaces a su historia como pareja, algo difícil de lograr con invitaciones impresas.

Tip: usen plataformas como Canva o Paperless Post para diseñar invitaciones digitales que luzcan elegantes y sean fáciles de enviar.

¿Cómo enviarla?

1. Correo electrónico: es ideal para invitados mayores o formales.
2. Grupo de WhatsApp o redes sociales: perfecto para amigos cercanos.
3. Plataformas de boda: usen herramientas como un sitio web o WeddingWire para centralizar la información.

Bonus: ¿cómo comunicar que la boda es solo para adultos, de manera elegante y amable, para evitar malentendidos?

Ejemplo práctico:

Paso 1: Elegir el mensaje adecuado para las invitaciones

Incluir un mensaje en la invitación es clave para que quede claro desde el principio. Aquí les dejo algunos ejemplos:

1. **Formal:**
   "Agradecemos que esta celebración sea exclusivamente para adultos".
2. **Amable y directo:**
   "Queremos que disfruten al máximo de este día tan especial, por lo que hemos decidido que la boda sea un evento solo para adultos".
3. **Creativo:**
   "Una noche para recordar... sin interrupciones. Solo adultos, por favor".

Paso 2: Aclararlo durante la confirmación de asistencia

Cuando sus invitados confirmen su asistencia (RSVP), pueden aprovechar para reiterar este punto si es necesario:

- Respuesta escrita o digital: en una página web de confirmación, incluyan una nota adicional como: "Queremos que disfruten de una noche inolvidable. Por eso, este será un evento solo para adultos".
- Respuesta verbal (si les consultan): "Sabemos que los niños llenan de alegría, pero queremos que esta noche sea una oportunidad para que todos los adultos se relajen y disfruten".

Paso 3: Ofrecer soluciones (opcional)
Si saben que algunos invitados podrían tener dificultades para encontrar cuidado infantil, pueden ofrecerles una alternativa:

- En la invitación o durante la confirmación: “Si necesitan ayuda para encontrar opciones de cuidado infantil, no duden en contactarnos. Estamos felices de ayudarlos a coordinar”.
- Si el lugar lo permite, organicen un espacio cercano con niñeras profesionales para quienes deseen llevar a sus hijos y coordinen actividades para ellos. Este servicio puede ser mencionado como: “Habrá un espacio cercano diseñado especialmente para cuidar y entretener a los más pequeños durante el evento”.

Paso 4: Reflejarlo en la marcación de las invitaciones

- Si usan sobres personalizados, escriban claramente los nombres de los invitados adultos: “Sr. y Sra. Gómez” en lugar de “Familia Gómez”.
- En las invitaciones digitales, confirmen en el mensaje que los invitados son exclusivamente adultos.

Opciones extra para personalizar la invitación

1. Agregar un enlace a la lista de regalos: "Si deseas contribuir a nuestra nueva vida juntos, aquí encontrarás nuestra lista de regalos: [enlace]".
2. Integrar un video corto: graben un video juntos invitando a sus seres queridos de manera personal y cálida. Incluyan el enlace en la invitación.
3. Diseño temático: usen un diseño que refleje su boda, como colores, flores o elementos gráficos que combinen con la decoración del evento.

Ejemplo del Save The Date

Ejemplo de una invitación digital elegante y moderna para tu boda

¡Es el gran día!

[Sus nombres]

tienen el honor de invitarte a celebrar el inicio
de su nueva aventura juntos.

Encabezado

*Acompáñanos en nuestra boda y comparte
con nosotros este momento tan especial.*

Fecha: [Inserten la fecha de su boda]

Hora: [Inserten la hora de la ceremonia]

[Nombre y dirección del lugar; incluyan enlace al mapa]

Cuerpo del mensaje

Dress code: [Especifiquen lo que prefieran]

Confirmación de asistencia (RSVP):

[Inserten el enlace o correo para confirmar]

Si tienes alguna duda, no dudes en contactarnos:

[Sus correos]

[Sus números de teléfono]

Detalles adicionales

Tu presencia hará de este día un
momento inolvidable.

Con amor,

[Sus nombres]

Mensaje final

Elegir el vestuario

- Busquen opciones para el vestido de novia, traje o atuendo que los hagan sentir increíbles.
- Programen las pruebas con tiempo para posibles ajustes.

Ilustración y guía de vestuarios

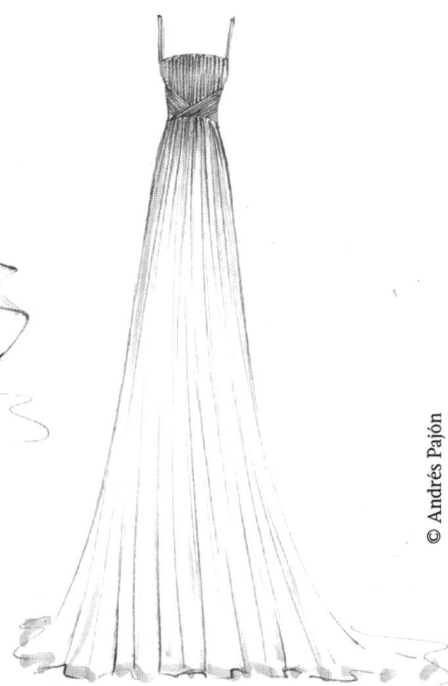

© Andrés Pajón

No se preocupen tanto por el vestido y el traje, que igual los usarán una sola vez. Pero ¡hagan que esa vez sea épica!

DAVID BETANCUR®

Planear la ceremonia

- Decidan qué tipo de ceremonia desean: civil, religiosa, simbólica, etcétera. Revisen qué documentos se necesitan para la ejecución legal de la que elijan.
- Escojan quién oficiará la ceremonia y los detalles del guion (lecturas, votos, música).

Diferencias clave entre la ceremonia religiosa y la civil

Aspecto	Religiosa	Civil
Formalidad	Más tradicional y con protocolos establecidos.	Más flexible, dependiendo del estilo de los novios.
Lugar	Iglesia, templo u otro espacio sagrado.	Oficina del registro civil, jardines, playas, etcétera.
Oficiante	Sacerdote, pastor o ministro religioso.	Juez, funcionario público o maestro de ceremonias.
Duración del cortejo	Más largo, por los protocolos religiosos.	Más breve y dinámico, según las preferencias.

Orden del cortejo en ceremonia religiosa

1. **Entrada del sacerdote o celebrante:**
    - El sacerdote o ministro ingresa primero y se posiciona en el altar.

2. **Entrada del cortejo:**
    - Padrinos y madrinas (si aplica): los padrinos de velación, anillos, lazo o arras ingresan en parejas o individualmente y se colocan en lugares designados cerca del altar.
    - Cortejo de damas y caballeros: las damas y los caballeros caminan en parejas, generalmente damas a la izquierda y caballeros a la derecha.

      Opcional: en algunas bodas religiosas se incluye a los pajes (niños) llevando flores, anillos o una pancarta anunciando la llegada de la novia.
    - Testigos (si aplica): pueden caminar en parejas o ya estar sentados.

3. **Entrada del novio:**
    - El novio puede entrar acompañado de su madre (o de su madre y padre, si lo prefiere) y se dirige al altar. También puede esperar ya en el altar junto al celebrante.

4. **Entrada de la novia:**
    - Tradicionalmente, la novia entra del brazo de su padre (o de una figura importante).
    - La entrada de la novia suele marcar el momento culminante, acompañada de música especial (por ejemplo, *La marcha nupcial*).

Orden del cortejo en una ceremonia civil

El cortejo en una ceremonia civil es más flexible y menos formal. Puede adaptarse al estilo de los novios y del lugar, ya sea en una oficina de registro civil o al aire libre. Aquí hay un ejemplo de cómo podría ser:

1. **Entrada del oficiante:**
El juez o funcionario encargado de la ceremonia puede entrar primero o ya estar presente en el lugar.

2. **Entrada del novio:**
El novio puede entrar solo, acompañado de sus padres o junto con el cortejo.

3. **Entrada del cortejo (opcional):**
- Damas y caballeros del cortejo caminan en parejas o individualmente.
- Niños del cortejo (si aplica): pueden llevar los anillos, pancartas o flores.

4. **Entrada de la novia:**
- Puede entrar sola, con sus padres o con una figura especial de su elección.

Nota: en ceremonias civiles informales, a veces los novios entran juntos.

Consejos para ambos tipos de cortejo

- Practiquen antes: un ensayo previo ayuda a evitar confusiones y nervios el día del evento.
- Elijan música adecuada: asegúrense de que las canciones coincidan con el tono y el estilo de la ceremonia.
- Coordinación del ritmo: los miembros del cortejo deben caminar a un ritmo pausado y constante para evitar desorden.

Las funciones de las damas de honor y los caballeros en la corte

La tradición de tener damas de honor y caballeros en la corte nupcial es una costumbre importada que ha ganado popularidad en la comunidad latina. Si bien su presencia puede aportar un toque estético muy bonito y cinematográfico, en la práctica, en algunos casos, pueden ser más un encarte que una solución si no se organizan bien.

A mí, personalmente, no me gustan, porque siento que muchas veces se pierde la magia de la fiesta y no siempre son tan útiles como se espera. En lugar de sumar, pueden convertirse en un elemento que genera más preocupaciones que apoyo real. Dicho esto, si deciden incluirlos en su boda, es importante que tengan funciones claras para que realmente sean de ayuda en su gran día.

1. Acompañar a los novios en el proceso previo a la boda

- Ayudar en la planeación de la boda (si los novios lo desean).
- Asistir a pruebas de vestido o traje.
- Brindar apoyo emocional en momentos de estrés.

2. Apoyar en la organización de eventos previos

- Organizar la despedida de soltero/a (si aplica).
- Coordinar con amigos y familiares para sorpresas especiales.

3. Aportar a la estética y el protocolo de la ceremonia

- Hacer la entrada en la ceremonia de forma ordenada.
- Asegurarse de que la novia o el novio luzcan impecables (ajustar vestido, velo o traje antes de la entrada).

4. Asistir en el día de la boda

- Ayudar a coordinar a los invitados para las fotos.
- Sostener el ramo, la cola del vestido o los anillos si es necesario.
- Ser el "punto de apoyo" para la pareja (llevar agua, retocar maquillaje, ayudar con detalles de último minuto).

5. Animar la recepción y la fiesta

- Abrir la pista de baile.
- Ayudar con la dinámica del lanzamiento del ramo o el brindis.

6. Facilitar la logística del evento

- Coordinar con los proveedores en caso de algún inconveniente menor.
- Asistir a invitados con dudas sobre el protocolo.

¿Vale la pena tener damas y caballeros? Dependerá del tipo de boda y de la pareja. Si deciden incluirlos, asegúrense de que realmente quieran ayudarlos y sean personas organizadas, no solo amigos con ganas de fiesta. Así, su presencia será una bendición y no una complicación.

Tips para elegir a las damas de honor y los caballeros en la corte

1. **No elijan por compromiso, elijan por funcionalidad**

   No sientan que deben incluir a alguien solo porque lo esperan o porque son amigos de toda la vida. Rodéense de personas que realmente quieran ayudar y que estén comprometidas con la boda.

   Mejor opción: alguien que sea organizado, responsable y con buena actitud.

   ☒ **Eviten:** quienes se emocionan con el título, pero desaparecen cuando hay que ayudar.

2. **Prioricen a personas con disponibilidad y ganas de ayudar**

   Si alguien tiene una agenda imposible, probablemente no podrá estar en ensayos o ayudarlos con preparativos.

   Mejor opción: alguien que pueda estar presente en los momentos clave.

   ☒ **Eviten:** personas que solo quieran la foto bonita el día de la boda.

3. **Busquen equilibrio entre cercanía y responsabilidad**

   Lo ideal es elegir personas con quienes tengan una relación cercana, pero que también sean confiables y sepan manejar situaciones bajo presión.

   Mejor opción: familiares o amigos que sean su apoyo real.

   ☒ **Eviten:** gente conflictiva o que tiende a generar drama.

4. **Consideren si realmente encajan con su estilo de boda**

No todos los eventos necesitan una corte. Si su boda es pequeña o muy relajada, tal vez no tenga sentido incluir damas y caballeros.

Mejor opción: personas con personalidades y estilo de vida que coincidan con la vibra de su boda.

☒ **Eviten:** elegir a alguien solo porque lo hizo en otra boda sin pensar si realmente aporta a la suya.

5. **Tengan en cuenta la energía y actitud de cada persona**

Lo que menos necesitan en su boda es estrés adicional. Rodéense de personas que traigan paz, apoyo y buena energía.

Mejor opción: gente positiva, que disfrute ser parte de su gran día.

☒ **Eviten:** quienes siempre tienen que ser el centro de atención o pueden causar tensiones.

6. **No se preocupes por la cantidad, sino por la calidad**

No necesitan 10 damas y 10 caballeros para que su boda se vea increíble. Es mejor pocos, pero bien elegidos.

Mejor opción: un grupo pequeño, pero funcional.

☒ **Eviten:** elegir a muchos solo por estética si no cumplen un rol real.

7. **Si no quieren una corte, NO la tengan**

Es su boda, ustedes deciden. Si sienten que tener damas y caballeros no aporta valor a su evento, no tengan miedo de omitir esta tradición. No es obligatorio.

Mejor opción: hacer lo que realmente los haga sentir cómodos y felices.

☒ **Eviten:** sentirse presionados por tendencias o expectativas ajenas.

Consejo final:

Piensen en su boda como un gran equipo, donde cada persona que elijan debe sumar, no restar. **El objetivo no es que se vean bonitos en la foto, sino que realmente sean su apoyo ese día**. Si después de leer esto aún dudan si necesitan una corte, tal vez la respuesta sea NO... y está bien.

Logística, tiempos y coordinación

La importancia de la logística

Planificar una boda es mucho más que elegir el vestido, las flores o el menú. La logística, los tiempos y la coordinación son los pilares que aseguran que cada detalle se ejecute a la perfección y que el gran día fluya sin contratiempos. Aquí les explico por qué estos elementos son esenciales y cómo pueden manejarlos de manera efectiva.

La logística es el arte de planificar, organizar y gestionar todos los elementos necesarios para que su boda sea un éxito. Esto incluye desde coordinar a los proveedores hasta definir cómo se moverán los invitados entre los diferentes momentos del día.

Beneficios de una logística bien organizada:

- Garantiza que todo esté listo a tiempo.
- Evita retrasos y errores.
- Ayuda a los proveedores a trabajar de manera más eficiente.
- Permite que los novios disfruten sin preocuparse por los detalles operativos.

Los tiempos: el cronograma del día

Un cronograma claro es el mapa que guía a todos los involucrados en su boda. Definan cuándo y cómo sucederá cada momento, desde la llegada de los invitados hasta el último baile.

Elementos clave para un cronograma exitoso

1. **Inicio del día:** incluyan tiempo suficiente para su arreglo personal y las fotos previas.
2. **Llegada de los proveedores:** definan horarios específicos para montaje, decoración y pruebas técnicas.
3. **Ceremonia:** asegúrense de que haya un margen para posibles retrasos.
4. **Cóctel:** coordinen el servicio de bebidas y bocados mientras ustedes se toman fotos.
5. **Recepción:** planifiquen los tiempos para la entrada de los novios, los discursos, la cena y el baile.
5. **Cierre del evento:** asegúrense de tener transporte disponible y personal para desmontar.

Tip: siempre incluyan tiempo extra para imprevistos, como tráfico o ajustes de última hora.

La coordinación: el corazón de una boda sin estrés

La coordinación es lo que une todos los elementos para que funcionen como un reloj. Aquí es donde entra en juego el trabajo de un *wedding planner* o coordinador del día definitivo.

Funciones del coordinador del día

El coordinador del día definitivo es una figura clave en muchas bodas, especialmente cuando los novios han organizado todo por su cuenta y necesitan a alguien que se encargue de ejecutar el plan el día del evento. Sin embargo, aunque este servicio suele elegirse por razones de economía, no puede ser el único responsable de que todo funcione perfectamente. Siempre lo he dicho y lo seguiré diciendo: **una persona no puede ser responsable al 100% de lo que ustedes contrataron.** Su labor es coordinar, no solucionar errores de planificación o imprevistos derivados de malas elecciones de proveedores.

☑ **1. Supervisión general del evento**

- Asegurarse de que todos los elementos contratados estén funcionando según lo planeado.
- Ser el punto de contacto entre proveedores, invitados y los novios.

☑ **2. Manejo del cronograma**

- Coordinar que cada momento suceda en el tiempo estimado: ceremonia, cóctel, cena, brindis, primer baile, etcétera.
- Adaptar tiempos si surgen retrasos o ajustes de último minuto.

☑ **3. Revisión y confirmación de proveedores**

- Verificar que cada proveedor llegue en el horario acordado y con lo pactado en el contrato.
- Solucionar inconvenientes menores sin que los novios tengan que involucrarse.

☑ **4. Atención a los novios e invitados**

- Asegurarse de que los novios tengan lo que necesiten en su gran día (agua, retoques, tiempos de descanso).
- Orientar a los invitados sobre el protocolo y ubicación dentro del evento.

☑ **5. Coordinación de la ceremonia y la recepción**

- Guiar la entrada y salida del cortejo, así como la transición entre los diferentes momentos de la boda.
- Confirmar que todo esté listo antes de que cada actividad inicie (música, decoración, iluminación).

☑ **6. Manejo de pequeñas emergencias**

- Resolver contratiempos sin alarmar a los novios.
- Llevar un kit de emergencia con elementos básicos.

Lo que el coordinador del día definitivo NO puede hacer

☒ **1. No es un milagroso de última hora**

- Si un proveedor no llega o no cumple, el coordinador puede mediar, pero no puede solucionar errores de planificación previos.

☒ **2. No es el responsable absoluto de la boda**

- Si algo no está contratado correctamente o hay información errónea, no es su responsabilidad asumir las fallas.

☒ **3. No puede multiplicarse**

- Un solo coordinador no puede estar en tres lugares al mismo tiempo. Si el evento es grande, se recomienda un equipo de apoyo.

☒ **4. No puede tomar decisiones de última hora sin aprobación**

- Su trabajo es ejecutar lo planificado, no improvisar cambios drásticos sin autorización.

El coordinador del día es un gran apoyo, pero su función es organizar lo que ya debe estar bien estructurado. No es un salvavidas de imprevistos por mala planificación ni un solucionador de errores de proveedores. Si deciden contratar este servicio, asegúrense de que sea una pieza más dentro de una planeación bien hecha y no la única esperanza para que todo salga bien. Al final, la boda es el reflejo de las decisiones que tomaron durante la organización, no del trabajo de una persona en un solo día.

Ejemplo práctico:
Si el DJ tiene un problema técnico o el pastel no llega a tiempo, el coordinador lo resolverá sin que ustedes se enteren. Pero si no lo tienen, pídanle a alguien que se encargue de estos temas, díganle que solucione y que no los estrese ese día.

¿Cómo prepararse para el éxito logístico?

- Creen una lista de proveedores y contactos clave. Incluyan teléfonos, correos y horarios de llegada para cada proveedor (*catering*, fotógrafo, DJ...).
- Hagan un ensayo previo con las personas clave de la ceremonia para evitar confusiones el día del evento.
- Deleguen de manera inteligente. Asignen tareas específicas a personas de confianza, pero eviten involucrar a demasiadas para no complicar la logística.
- Coordinen el transporte. Si hay traslados entre la ceremonia y la recepción, organicen transporte para los invitados y el personal.

¿Qué pasa si algo no sale como estaba planeado?

Incluso con la mejor planificación, los imprevistos pueden surgir. Aquí es donde la coordinación bien pensada y la flexibilidad juegan un papel importante.

Estrategias para manejar imprevistos

- Tengan un plan B para exteriores (en caso de lluvia).
- Asegúrense de tener un kit de emergencia (más adelante les daré *tips* para armarlo).
- Confíen en su coordinador para resolver problemas sin que se afecte el flujo del evento.

Conclusión: disfruten de su día con tranquilidad

La logística, los tiempos y la coordinación son lo que transforma los sueños en realidad. Si dedican tiempo a planificar cada detalle con anticipación y cuentan con las personas adecuadas para ayudarlos, podrán disfrutar plenamente de su día especial sabiendo que todo está bajo control.

> Su única misión en la boda es disfrutarla, no resolver cada detalle. ¡Dejen que alguien más se encargue!
>
> DAVID BETANCUR®

Y si no tienen un coordinador, ¿cómo crear una *checklist* de trabajo?

Si no cuentan con un coordinador para el día de su boda, organizarse con una *checklist* detallada es fundamental para que todo fluya sin problemas. Esta *checklist* será su guía para que no se les escape ningún detalle importante y para que las personas que los ayudarán sepan exactamente qué hacer.

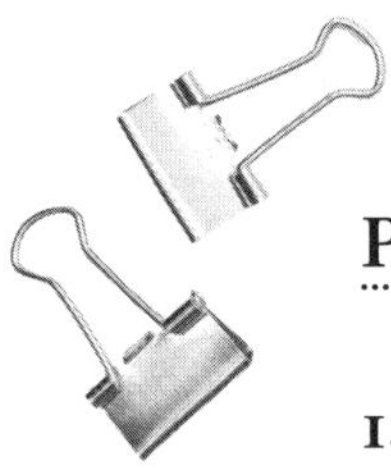

Pasos para crear una *checklist* de trabajo

1. **Dividan las tareas por momentos clave del evento:**
   - Antes del evento (montaje, proveedores).
   - Durante el evento (ceremonia, recepción, actividades).
   - Después del evento (desmontaje, pagos finales).

2. **Asignen responsables:** asegúrense de que cada tarea tenga un responsable claro (puede ser un familiar, amigo o proveedor).

3. **Incluyan horarios específicos:** definan horarios para cada tarea y asegúrense de que todos los involucrados los conozcan.

4. **Anticípense a imprevistos:** tengan un plan B para situaciones como retrasos, problemas climáticos o contratiempos técnicos.

5. **Reúnan a su equipo antes del evento:** hagan un repaso general de la *checklist* para que todos estén en sintonía.

Los detalles

Planificar una boda sin un coordinador profesional requiere especial atención a los detalles finales. Estos son los últimos pasos y puntos clave para asegurar que todo salga perfecto el gran día.

1. Confirmen con todos los proveedores

- Contacten a cada proveedor la semana anterior a la boda para confirmar horarios, ubicaciones y servicios contratados.
- Verifiquen que todos tengan el cronograma del evento y sepan a quién dirigirse si surge un problema.

Tip: creen una lista de contactos de emergencia con los números de los proveedores y compártanla con alguien de confianza.

Recomendación adicional: si notan alguna inconsistencia durante la junta con los proveedores, resuélvanla de inmediato o asignen a alguien de confianza para gestionarla. Tener todos estos pasos claros asegurará que disfruten plenamente su gran día.

2. Preparen un cronograma detallado con las actividades de antes, durante y después de la boda:

Ejemplo práctico para una boda a las 3:00 p. m.

ANTES DEL EVENTO

7:00 a. m.: llegada de los decoradores al lugar.
8:00 a. m.: montaje de la ceremonia (altar, flores, sillas).
9:00 a. m.: llegada del *catering* y montaje de mesas para la recepción.
10:00 a. m.: revisión de pruebas de sonido e iluminación.
11:00 a. m.: llegada de fotógrafos y videógrafos.
12:00 p. m.: preparativos de la novia y el novio (peinado, maquillaje, vestimenta).
1:00 p. m.: ensayo rápido con el cortejo (si es necesario).
2:00 p. m.: última revisión del lugar (flores, menú, equipo técnico).
2:30 p. m.: los invitados comienzan a llegar a la ceremonia.

DURANTE EL EVENTO: MINUTO A MINUTO

3:00 p. m.: inicio de la ceremonia religiosa

- Cortejo entra según el orden planeado.
- La ceremonia dura aproximadamente 1 hora.

4:00 p. m.: fin de la ceremonia

- Salida de los novios y traslado al área del cóctel.
- El equipo de fotografía guía a los novios y al cortejo para las fotos grupales.

4:30 p. m.: cóctel de bienvenida

- Se ofrecen bebidas y bocadillos mientras los novios terminan las fotos.

5:30 p. m.: inicio del brindis

- Los novios hacen una pequeña bienvenida y les agradecen a los invitados.
- Los padres o padrinos pueden dar unas palabras breves.

6:00 p. m.: entrada al salón para la recepción

- Los invitados toman sus asientos.
- Presentación de los novios con música especial.

6:30 p. m.: servicio del primer tiempo del menú

- Entrada servida (coordinación con el *catering*).
- Música ambiental para acompañar.

7:15 p. m.: fotos con los invitados en las mesas

- Los novios se toman fotos mientras los invitados terminan su entrada.

7:45 p. m.: servicio del segundo tiempo del menú

- Plato fuerte servido.
- Momento para disfrutar y relajarse.

8:30 p. m.: apertura de la mesa de postres

- Se invita a los asistentes a disfrutar de la mesa de dulces.

9:00 p. m.: primer baile de los novios

- Los novios abren la pista con su canción especial.

9:15 p. m.: inicio de la fiesta

- Música para todos los gustos.
- Se anima a los invitados a bailar.

10:30 p. m.: lanzamiento del *bouquet*

- Se llama a las invitadas solteras al centro de la pista.

11:00 p. m.: hora loca

- Animación especial con accesorios, máscaras y luces.
- Se entregan artículos divertidos para los invitados.

12:30 a. m.: última ronda de música animada

- Cierre espectacular de la fiesta con los *hits* favoritos.

2:00 a. m.: fin del evento

- Despedida de los novios.
- Personal de montaje comienza el desmontaje.

Después del evento

2:30 a. m.: revisión de que todo el equipo y la decoración se retiren según lo planeado.

Día hábil siguiente: confirmar con los proveedores los pagos pendientes y la devolución de dinero.

Semana siguiente: agradecimientos a los invitados (puede ser digital o en persona).

Tip: agreguen márgenes de tiempo para posibles retrasos y repasen el cronograma con quienes estarán a cargo de tareas específicas.

Consejos adicionales:

- **Incluyan descansos:** no olviden programar momentos para comer o relajarse durante el día.
- **Designen un líder:** si no tienen un coordinador profesional, elijan a alguien confiable para supervisar el cumplimiento del cronograma.

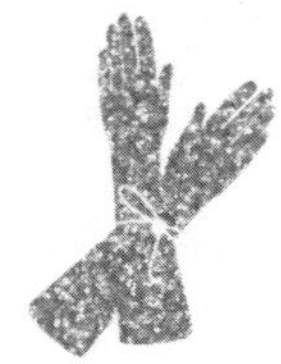

Creen aquí el minuto a minuto de su boda

Antes del evento

Durante el evento: minuto a minuto

DESPÚES DEL EVENTO

Descarguen esta plantilla digital

3. Verifiquen los elementos esenciales

- **Papelería:** confirmen que tengan marcación de mesas, menú impreso y tarjetas de agradecimiento.
- **Decoración:** asegúrense de que los elementos decorativos estén listos y que el lugar cuente con el montaje necesario.
- **Transporte:** revisen los traslados para los novios y, si es necesario, para los invitados

4. Organicen un kit de emergencia

Este kit puede ser manejado por una dama de honor o un familiar cercano.

5. Ensayo general

- Hagan un ensayo de la ceremonia con las personas clave (cortejo, padres, damas, etc.) para evitar confusiones.
- Repasen los tiempos y roles con el equipo de sonido y fotografía.

6. Revisen la logística de los invitados

- Confirmen las reservas de alojamiento para invitados de afuera.
- Reenvíen detalles importantes, como la ubicación del lugar y el *dress code*, especialmente para quienes viajen.

7. Definan el plan B

- Si la boda es al aire libre, asegúrense de tener una alternativa en caso de mal clima.
- Incluyan paraguas o carpas si es necesario y coordinen esta alternativa con el lugar y los proveedores.

Creen aquí su kit de emergencia

- [ ] Maquillaje para retoques
- [ ] Costurero con hilo y aguja
- [ ] Medicinas básicas
- [ ] Toallitas húmedas
- [ ] *Snacks*
- [ ] Agua
- [ ] Tiritas o parches para ampollas
- [ ] Ítems personalizados
- [ ] ....
- [ ] ....
- [ ] ....
- [ ] ....
- [ ] ....
- [ ] ....
- [ ] ....
- [ ] ....
- [ ] ....

8. Preparen los elementos de la ceremonia

- Asegúrense de que los anillos, las arras, el lazo (si aplica) y cualquier otro elemento especial estén listos y en su lugar.
- Verifiquen que quien los lleve (pajes o padrinos) sepa cuál es el momento exacto para entregarlos.
- Practiquen sus votos.

> ¿Se cayó un plan? Plan B al rescate. El show debe continuar, mi gente.
>
> DAVID BETANCUR®

Creen aquí su plan B

Imprevisto	Plan B	Contacto de emergencia
Lluvia		
Retrasos		
Fallas técnicas		

Tips para escribir sus votos

Los votos son el corazón de la ceremonia, el momento en el que expresan con palabras todo lo que su pareja significa para ustedes. Si no saben por dónde empezar, aquí les dejo algunos consejos para escribirlos con emoción y autenticidad.

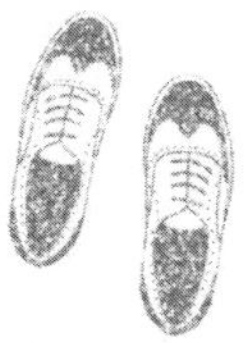

1. Hablen desde el corazón

No busquen palabras rebuscadas ni frases de película. Lo importante es que lo que digan sea sincero y refleje lo que sienten.

Ejemplo:

"Desde el primer día, supe que quería compartir mi vida contigo porque a tu lado todo tiene sentido".

2. Recuerden su historia juntos

Piensen en los momentos que marcaron su relación: ¿cómo se conocieron?, ¿qué retos han superado juntos?, ¿cuándo supieron que era la persona indicada?

Ejemplo:

"Nunca olvidaré aquel viaje improvisado donde nos perdimos, pero nos encontramos más que nunca".

3. Expresen lo que aman de su pareja

¿Qué es lo que más admiran del otro? ¿Qué hace que cada día sea especial?

Ejemplo:

"Amo tu paciencia cuando me desespero, tu risa cuando necesito alegría y tu amor incondicional que me hace sentir en casa".

4. Hagan promesas reales y significativas 💍

Los votos son más que palabras bonitas; son compromisos que van a cumplir en su vida juntos.

✎ *Ejemplo:*

"Prometo sostener tu mano en los días buenos y en los difíciles, reír contigo hasta quedarnos sin aire y ser siempre tu refugio en la tormenta".

5. Mantengan un equilibrio entre romance y autenticidad

Si son una pareja divertida, no tengan miedo de agregar un toque de humor.

✎ *Ejemplo:*

"Prometo amarte siempre, incluso cuando quieras ver series en maratón sin dejarme cambiar el canal".

6. Sean breves, pero poderosos

No necesitan un discurso largo. Entre 1 y 3 minutos es lo ideal para que sus palabras sean impactantes y emotivas.

7. Practiquen, pero déjense llevar

Escriban sus votos con tiempo, léanlos en voz alta y ensáyenlos. Pero, el día de la boda, permítanse sentir y dejar que las emociones fluyan.

8. Escriban, relean y ajusten

Déjenlos reposar unos días, revísenlos y ajústenlos hasta que sientan que realmente reflejan lo que quieren decir.

9. Relájense el día anterior

- Descansen lo suficiente y eviten actividades estresantes.
- Hagan algo que los relaje: una caminata, música tranquila o un baño relajante.
- Cenen algo ligero y saludable para sentirse bien al día siguiente.

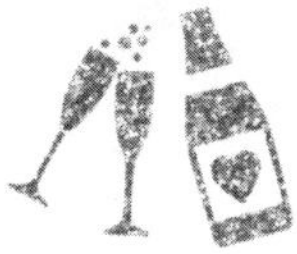

10. Disfruten el día con tranquilidad

- Confíen en la planificación que han realizado y en las personas que han elegido para ayudarlos.
- Recuerden que la perfección no está en los detalles, sino en disfrutar cada momento en pareja y con sus seres queridos.

> *El día de la boda no piensen en logística. Piensen en bailar, besar y vivir su día al máximo.*
>
> DAVID BETANCUR®

Escriban aquí sus votos

Descarguen esta plantilla digital

Planear la luna de miel

La luna de miel es uno de los momentos más especiales después de la boda, una oportunidad para relajarse, disfrutar y conectar como pareja. Sin embargo, planearla requiere tanta atención como la boda misma. Aquí tienen algunas recomendaciones:

Tip: consideren incluir opciones en la lista de regalos donde los invitados puedan contribuir a la luna de miel.

1. Definan un presupuesto separado

- Mantengan los gastos claros: el presupuesto de la luna de miel debe estar completamente separado del de la boda. Esto evitará estrés financiero y les permitirá planificar con libertad.
- Ahorren con anticipación: si pueden, abran una cuenta de ahorros específica para la luna de miel y establezcan una cantidad mensual que puedan destinar.

2. No salgan contra el tiempo

- Viajen al menos veinticuatro horas después de la boda: la boda puede ser agotadora, por lo que es mejor viajar al día siguiente o incluso dos días después. Esto les permitirá descansar, empacar con calma y disfrutar el inicio del viaje sin prisas.

- Planifiquen un día de transición: dedíquenle tiempo a disfrutar una comida tranquila, organizar sus cosas o simplemente relajarse antes de partir.

3. Revisen el clima y las estaciones

- Investiguen el destino: antes de elegir, verifiquen las estaciones y el clima en la fecha de su viaje. Algunos destinos son ideales en ciertas épocas del año y menos recomendables en otras (por ejemplo, eviten el Caribe en temporada de huracanes).
- Empaquen inteligentemente: asegúrense de llevar ropa adecuada para el clima y consideren actividades específicas del lugar (senderismo, playa, visitas a ciudades).

Tip: no olviden llevar protector solar, repelente de insectos o abrigos según el destino.

4. Confirmen los requisitos legales y de salud

- Pasaportes y visas: verifiquen la vigencia de sus pasaportes y si necesitan visa para su destino. Algunos países requieren visas que pueden tardar semanas en procesarse.
- Vacunas y seguros de viaje: consulten si su destino requiere vacunas específicas (como fiebre amarilla) y adquieran un seguro de viaje que cubra emergencias médicas y cancelaciones.
- Regulaciones locales: familiarícense con las leyes locales, costumbres y restricciones de su destino (como qué artículos no se pueden llevar o cómo comportarse en lugares públicos).

5. Elijan un destino que los represente

- Háganlo personal: ¿prefieren playa, aventura, cultura o una mezcla? El destino debe reflejar sus intereses como pareja.
- Consideren destinos menos comunes: a veces, los lugares menos turísticos ofrecen experiencias únicas y más económicas.

6. Reserven con tiempo

- Eviten sobrecargos de última hora: reserven vuelos y hospedaje con varios meses de anticipación para obtener mejores precios y disponibilidad.
- Opten por paquetes: muchas agencias ofrecen paquetes todo incluido, lo que puede simplificar la organización.

7. Planifiquen actividades, pero dejen espacio para la espontaneidad

- Equilibren el itinerario: planeen algunas actividades imperdibles, pero dejen tiempo libre para explorar y descansar.
- Reserven experiencias únicas: una cena romántica, un *spa* o una excursión especial pueden hacer que la luna de miel sea inolvidable.

8. Creen un kit de viaje

- Documentos importantes: pasaportes, visas, boletos, confirmaciones de hotel.
- Medicinas básicas: analgésicos, antialérgicos y algo para problemas digestivos.
- Dispositivos electrónicos: adaptadores, cargadores y baterías portátiles.
- *Snacks* y entretenimiento para el viaje.

9. Establezcan expectativas realistas

- Eviten comparaciones: cada luna de miel es única. Lo importante es disfrutarla a su manera, no intentar cumplir expectativas irreales.
- Mantengan la comunicación: planifiquen juntos y asegúrense de que ambos estén de acuerdo con las actividades y el destino.

10. Disfruten el proceso de planificación

- Conviértanlo en una actividad en conjunto: usen esta etapa para imaginar y emocionarse por lo que vivirán. Busquen inspiración en blogs de viajes, videos o recomendaciones.

Confirmar proveedores

Asegúrense de contactar a todos los proveedores unas semanas antes de la boda para confirmar horarios y detalles. Si tienen un *wedding planner,* no es necesario que lo hagan, pues eso es parte de sus tareas.

Servicios	Horarios	Pagos pendientes
Wedding planner		
Catering		
Bebidas		
Flores		
DJ		
Música en vivo		
Fotógrafo		
Videógrafo		

Observaciones:

Disfrutar del gran día

¡Llegó el día! Respiren profundo y disfruten. Todo lo que planearon juntos se hará realidad, ¡y lo mejor es que lo hicieron en equipo!

> Que todo salga perfecto es el sueño; ¡que ustedes lo disfruten es lo que se merecen!
>
> DAVID BETANCUR®

El día de la boda importa, pero lo que realmente cuenta es lo que viene después.

DAVID BETANCUR®

8

Plantillas y recursos adicionales

Cronograma para fotografías

Momento clave	Personas específicas
Ceremonia	
Cóctel	
Recepción	

Notas

9
Consejos prácticos para una boda feliz

Les dejo un resumen de consejos útiles para que la planeación de su boda sea un éxito según lo que ya han aprendido a lo largo de este libro.

1. Definan sus prioridades desde el inicio

Identifiquen lo que es realmente importante para ustedes como pareja. "*¿Qué es lo que más valoramos en nuestra boda? ¿El lugar, la música, la comida, la experiencia de los invitados?*"

Tip: usen el ejercicio de prioridades para tomar decisiones informadas.

2. Establezcan un presupuesto realista

- Definan un presupuesto claro desde el principio y sepárenlo en categorías (lugar, *catering*, vestuario, decoración, etc.).
- Mantengan un fondo de contingencia del 10-15% para imprevistos.

Tip: recuerden que el presupuesto de la luna de miel debe ser aparte.

Hagan números, pero no dejen que le quiten la magia a la boda. Balance, queridos, balance.

DAVID BETANCUR®

3. Sean flexibles

No todo saldrá exactamente como lo imaginaron, y está bien. Aprendan a adaptarse y a encontrar soluciones creativas.

> Lo importante no es que todo sea perfecto, sino que el día sea especial y significativo para ustedes.
>
> DAVID BETANCUR®

4. Dividan y vencerán

Dividan las responsabilidades según sus fortalezas e intereses. Por ejemplo, uno puede encargarse de contactar proveedores y el otro de organizar la lista de invitados.

Tip: usen las herramientas de seguimiento del libro para coordinar tareas y fechas límite.

5. Practiquen la comunicación asertiva

Hablen abiertamente sobre sus deseos y preocupaciones. *"Quiero que ambos nos sintamos representados en las decisiones que tomemos".*

Tip: utilicen los ejercicios de gestión de crisis y resolución de problemas para abordar conflictos de manera saludable.

6. Definan límites con familiares y amigos

Decidan juntos cuánta influencia tendrán los demás en la planeación. *"Es nuestra boda, y aunque valoramos sus opiniones, queremos que refleje nuestra visión como pareja".*

Tip: incluyan en el libro una lista de "no negociables" para mantener el enfoque en lo que realmente desean.

No se preocupen tanto por impresionar a los demás, preocúpense por disfrutar.

DAVID BETANCUR®

Tip: usen las herramientas de seguimiento para coordinar tareas y fechas límite.

7. No dejen todo para el último momento

Sigan el cronograma mes a mes y semana a semana para evitar retrasos y estrés innecesarios.

8. Reserven tiempo para ustedes

Planeen momentos sin hablar de la boda para disfrutar de tiempo de calidad como pareja. *"Una cita a la semana, sin agenda, sin proveedores, solo nosotros"*.

Tip: incluyan un espacio en la agenda para estos momentos de desconexión.

9. Mantengan a los invitados informados

Usen herramientas, como un sitio web de bodas o una guía personalizada, para compartir información clave.

Tip: utilicen la sección de lista de invitados para anotar detalles importantes, como confirmaciones (RSVP) y preferencias alimentarias.

Tip: revisen el cronograma del día para ajustar tiempos y evitar contratiempos.

10. Hagan un ensayo general

Dediquen tiempo para practicar la ceremonia con las personas clave (cortejo, padrinos) y asegúrense de que todos sepan su rol.

Tip: usen la checklist final para asegurarse de que no falte nada.

11. Confirmen todo con anticipación

Una semana antes de la boda, revisen que todos los proveedores estén confirmados y los horarios sean claros.

Tip: personalicen el kit según sus necesidades.

12. Creen un kit de emergencia

Incluyan artículos esenciales, como maquillaje, medicinas, costurero, tiritas y *snacks*, para resolver imprevistos.

13. Disfruten el proceso

Recuerden que la planeación es parte de la experiencia. Celebren los pequeños logros y no se obsesionen con los detalles.

La boda es un día, pero su amor es para siempre. Concéntrense en lo que realmente importa.

DAVID BETANCUR®

14. El día de la boda: ¡relájense y confíen!

Deleguen las tareas operativas a alguien de confianza y enfóquense en disfrutar cada momento.

Tip: usen este libro para anotar recordatorios que los ayuden a soltar el control el día del evento.

Escaneen

Agradecimientos

Este libro es mucho más que papel y palabras; es un sueño hecho realidad. Y ese sueño no sería posible sin ustedes.

Gracias a mi mamá, que con su ejemplo de trabajo incansable y amor incondicional me enseñó que todo lo que se hace con el corazón deja una huella eterna.

A Santi, mi refugio y mi fuerza. Gracias por estar a mi lado en cada paso, creyendo en mí incluso cuando yo dudaba.

A Andrés Pajón, un amigo de la vida y de la industria, por ilustrar con su arte los universos del vestuario en el libro y dejar aquí todo el amor que le imprime a cada una de las novias que me ha acompañado a vestir y a cada uno de los proyectos que, como empresas hermanas, hemos creado.

A mis clientes, que me han confiado el privilegio de ser parte de sus historias. A los famosos, gracias por la responsabilidad inmensa de convertir sueños en recuerdos inolvidables. A los no famosos, gracias por recordarme que el verdadero lujo está en los detalles y las emociones. Mi compromiso con ustedes siempre será el doble, porque, en mi empresa, cada historia es la más importante.

A mi equipo de trabajo, con quienes aprendí que ningún reto es imposible cuando se trabaja en equipo.

A mis amigos y familia, a quienes les debo tantos momentos en los que no estuve presente. Gracias por entender mis ausencias y apoyarme sin condiciones.

Al equipo de Tatiana Zuluaga, TZL: este proyecto existe gracias a ustedes, porque en cada página están su apoyo y amor. Gracias por creer en mí.

© Hernán Puentes / TZL

Sobre el autor

El destino tiene formas curiosas de mostrarnos nuestro propósito. Para David Betancur, todo comenzó el 15 de mayo, cuando, sin imaginarlo, se convirtió en el arquitecto del día más especial de su prima. Con la creatividad corriendo por sus venas y el ojo meticuloso de un diseñador de modas, descubrió que su verdadero talento no estaba en las telas y los moldes de patronaje, sino en la creación de experiencias que marcan la vida de las personas para siempre.

Desde entonces han pasado quince años y David ha construido mucho más que una carrera: ha forjado un sello personal, una marca que hoy es sinónimo de lujo, exclusividad y sofisticación. Lo que inició como un acto de amor familiar se convirtió en su pasión y en su legado.

Cada boda que diseña es una historia en sí misma, con emociones que trascienden y detalles que quedan grabados en la memoria de quienes tienen el privilegio de vivirlas. Su capacidad para materializar los sueños de cada pareja lo ha llevado a convertirse en el creador de las bodas más impactantes y memorables, trabajadas junto a un equipo sólido que entiende que el verdadero lujo no está solo en lo que se ve, sino en lo que se siente.

Los artistas más reconocidos, futbolistas, modelos y figuras de la política y la televisión han confiado en él para convertir su día especial en algo más que un evento: en una experiencia que traspasa la perfección. Porque cuando una celebridad piensa en vivir un momento inolvidable, sabe que el elegido es David Betancur.

Su mayor contribución ha sido redefinir el lenguaje de las bodas, llevándolo a la naturalidad del día a día sin perder la magia del protocolo. Su enfoque innovador ha convertido la planeación de bodas en un arte, donde cada elemento cuenta una historia y cada instante está diseñado para ser inolvidable.

Más allá del lujo y la exclusividad, David ha dejado huella en cada persona que ha trabajado con él. Su equipo, su familia profesional, sabe que trabajar a su lado es un antes y un después, porque hay una frase que lo define y que es su mantra de vida: "La clave es hacerlo con el corazón"®.

David no solo organiza bodas; crea momentos que quedan para siempre.